KB132057

음악치료사의
모든 것!

올 댓 음악치료사

고명한 · 고은진 · 김명신 · 박소영 · 박지선 · 박지은 · 위아름 · 이은선 · 장문정 · 황은영 공저

학지사

머리말

우리는 항상 음악을 듣는다. 음악 소리를 알람 삼아 일어나서 출근길이나 등굣길에도 음악을 듣는다. 어떤 날은 아침에 들은 음악을 하루 종일 흥얼거리기도 한다. 좋아하는 가수의 노래를 듣기 위해 친구와 함께 콘서트를 가기도 하고, 퇴근길에 동료와 노래방에서 스트레스를 풀기도 한다. 이처럼 현대인들은 음악을 통해 즐거움을 경험하고, 마음의 안정을 찾으며, 때로는 위로를 받기도 한다. 즉, 음악으로부터 여러 가지 혜택을 받고 있다고 해도 과언이 아니다. 그렇다면 이러한 것들을 모두 음악치료라고 할 수 있을까?

음악치료(music therapy)는 음악을 사용하여 인간의 심리적·신체적 질병을 치료하는 전문 분야다. 우리나라의 경우 1990년대 후반 음악치료가 장애아동의 행동 변화나 정신과 환자들의 정서적 변화에 효과적으로 적용되면서 그 영역이 점점 확대되어 갔다. 최근에는 현대인들의 삶에서 웰빙(well being) 혹은 힐링(healing)이 강조되면서 신체적인 건강뿐만 아니라 정신적인 건강, 즉 인간의 삶의 질적인 측면에 대한 관심이 고조되었고, 음악치료 역시 새로운 관점에서 조명되고 있다. 이제 음악이 우울이나 스트레스 감소에 효과가 있다는 연구 보고는 더 이상 낯설지 않다. 이러한 배경에 힘입어 음악치료에 대한 관심도 높아지고 있다. 많은 사람이 '음악치료사가 되려면 어떤 전공을 해야 하나요?' '음악을 전공하지 않아도 음악치료사가 될 수 있나요?' 등의 질문을 하곤 한다. 하지만 대중에게 있어 음악치료사와 그들이 하는 일은 여전히 생소하고 낯선 영역이다.

저자들은 이 책을 통해 음악치료에 대한 정확한 지식을 전달하고 음악치료사가 되고자 하는 학생 및 일반인들에게 도움을 주고자 한다. 이 책은 총 2부로 구성되어 있으며, 1부에서는 '음악치료 이야기'를 2부에서는 '음악치료사 이야기'를 다루고 있다.

1장에서는 언론이나 사람들에게서 회자되고 있는 음악치료와 관련된 오해와 이에 대한 답변을 제시함으로써 음악치료에 대한 정확한 이해를 돕고자 하였다.

2장에서는 치료사가 일하는 기관은 다양하지만 대상에 따라 그 적용이 다름을 고려하여, 실제 전문적인 영역의 음악치료를 대상별로 구분 · 설명함으로써 이해를 돕고자 하였다.

3장에서는 음악치료 과정이 개설된 대학의 학사, 석사, 박사 과정을 소개하고 있다. 국내 음악치료는 1990년대 후반 숙명여자대학교와 이화여자대학교를 시작으로 석사과정으로 개설되었으며, 현재 20여 개의 대학에서 학사, 석사, 박사 과정이 개설되어 전문적인 음악치료사로 훈련받을 수 있는 기회가 더욱 확대되고 있다.

4장에서는 현장에서 일하는 음악치료사들의 생생한 목소리를 전달하고 있다. 음악치료사가 어떤 일을 하는지, 어떤 고민을 하고 이겨 나가고 있는지, 어떤 부분에서 보람을 느끼고 있는지에 대한 그들의 이야기를 전함으로써 이후 음악치료사가 되고자 하는 사람들이 꿈을 좀 더 구체화하고, 목표를 향해 나아가는 데 발판이 되고자 하였다.

이 책이 음악을 사랑하고 음악을 통해 타인을 도우려는 미래의 음악치료사들이 진로를 결정하고 전문적인 음악치료사로 한 발 나아가는 데 조금이나마 도움이 될 수 있기를 바라며, 그들에게 선배 치료사로서 큰 격려와 박수를 보내고 싶다.

2014년
저자 일동

차
례

제2부 음악치료사 이야기

3장 음악치료사가 되는 길·77

부록

제1부

음악치료 이야기

고등학생인 민이는 음악을 좋아한다. 공부할 때 음악을 들으면 집중도 잘되는 것 같고, 기분도 좋아지고 스트레스도 풀린다. 하지만 정말 음악 때문일까? 민이는 음악이 어떤 역할을 하는 지에 대해 관심을 갖게 되었다. 찾아보니 '음악치료'라는 학문이 있었다. 음악을 통해 치료를 한다는 것이 무엇인지 궁금하고 호기심이 생기기도 하였다. 민이는 먼저 많은 사람이 알고 있는 음악치료에 대해 알아보고 음악치료에 대한 좀 더 전문적인 영역을 살펴보게 되었다.

음악치료 바로 알기

'국내에 들어오는 선진국 신직업 100개, 음악치료사'(매일경제, 2013. 7. 23.)라는 기사가 소개되었다. 하지만 "음악을 들으면 아픈 것도 없어지나요?" "음악치료는 장애아동을 대상으로 하는 것 아닌가요?"라는 질문이 들려오는 것을 보면 여전히 음악치료가 무엇인지 그리고 음악치료사는 어떤 일을 하는지에 대해 알고 있는 사람은 그렇게 많지 않은 것 같다. 이 장에서는 음악치료 그리고 음악치료사에 대한 오해와 진실을 알아보고자 한다.

1. 음악치료에 대한 오해

오해 1 **음악은 약이다** 음악(音樂)은 음약(音藥)이라는 말이 있습니다. 배가 아프면 슈베르트의 〈세레나데〉, 편두통에 쇼팽의 〈피아노 협주곡 1번〉, 저혈압에 요한 슈트라우스의 〈아름답고 푸른 도나우 강〉, 고혈압에 베토벤의 〈신세계 교향곡 3번〉 등을 들으면 효과가 있다는 말이 있습니다. 또한 헨델의 오라토리오의 〈메시아〉를 들려주면 자살충동이 억

제되고, 거친 피부에는 쇼팽의 〈연습곡 제3번〉이 좋다고 합니다. 정말 그런가요?

음악치료사들이 가장 많이 받는 질문 중 하나는 "○○가 아플 때 무슨 음악을 들으면 좋을까요?"다. 이러한 질문은 많은 음악 치료사를 가장 당황하게 만드는 질문 중 하나다. 물론 음악이 신체적 불편함을 해소하는 데 영향을 미칠 수는 있다. 왜냐하면 음악은 인간의 자율신경계와 면역시스템에 영향을 미쳐 생리적인 반응, 즉 혈압, 맥박, 호흡 같은 반응들을 변화시킬 수 있으며 콜티졸 등의 면역과 관련된 호르몬에도 영향을 미치기 때문이다. 이런 결과로 진통제나 약물의 사용을 감소시킬 수도 있다 (Chanda & Levitin, 2013).

한 가지 예를 들면, 스트레스는 우리 몸의 항상성에 있어서 균형이 깨진 상태를 말한다. 스트레스를 받으면 흔히 홍분과 긴장 상태가 되며 호흡과 맥박이 빠르게 상승한다. 이때 빠른 템포의 음악을 들으면 우리 몸은 외부 리듬에 반응하는 리듬동조화 (entrainment) 현상에 의해 혈압이나 맥박이 더욱 상승하게 될 수 있다. 하지만 느린 음악을 들으면 혈압이나 맥박 등이 같은 원리로 하강하게 된다. 이러한 과정을 통해 우리 몸은 항상성을 유지하게 되고 건강한 신체가 될 수 있다.

그러나 이러한 반응을 가능하게 하는 데에는 음악 이외에 다양한 요인들이 관여된다. 구체적으로 연령, 성별, 직업 등 개인적인 요인들이 많은 영향을 미친다. 이 중에서도 가장 중요하

게 생각할 수 있는 요인은 각 개인의 음악 선호도다. 즉, 좋아하
는 음악을 들을 때 음악에 대한 긍정적인 반응은 더욱 극대화될
수 있다(Iwanaga & Moroki, 1999; Thaut & Davis, 1993; Walworth,
2003). 따라서 모든 사람에게 공통적으로 효과가 있는 음악이 무
엇인가에 대해 일반화시키기는 어렵지만 선호하는 음악이라면
음악에 대한 신체 반응은 진실일 수도, 그렇지 않을 수도 있다.

오해 2 **음악이 음식의 맛을 높인다** ○○기업의 숙성실에는 조용
한 클래식 음악을 틀어 놓는다고 합니다. 음악을 들려주면 숙성이 잘 되
어 음식의 맛도 풍미도 좋아지기 때문입니다. 한 음료회사의 열대음료를
만드는 공장에서는 음료의 맛을 더 좋게 하려고 레게음악을 틀어 놓는다
는 기사도 있습니다. 사실인가요?

최근 1차 산업 혹은 2차 산업에서 음악을 사용하여 동식물의
성장을 돕거나 미생물을 숙성시키는 상품들에 관한 기사를 종종
볼 수 있다. 음악을 들려주었던 오이는 성장이 빠르고 맛도 좋아
진다고 한다. 식물들이 귀가 있어 음악을 들을 수 있는 걸까? 오
이가 좋아하는 음악이 따로 있을까? 많은 사람이 이처럼 음악의
마술적인 힘에 관심을 갖는 것 같다. 하지만 이때 음악은 엄밀하
게 말하면 '음악'이 아닌 '음향'이라고 할 수 있다.
음악이라는 것은 여러 소리가 리듬을 통해 조직될 때 미적인
즐거움을 줄 수 있으며 이때 음악으로서 의미가 있다. 그렇지 않
은 소리들은 음향학적으로 소음(noise)이라고 할 수 있다. 소리,

즉 음들은 소리 입자들이 어떤 충격에 의해 공기 중의 진동을 통해 전달된다. 이때 진동이 미생물들의 성장을 자극할 수 있다. 음악 이전에 음은 공기 중의 진동이다. 즉, 소리의 움직임이다. 공기 중의 진동이 미생물의 움직임을 자극하여 성장을 도울 수 있다. 이러한 이유로 성장이나 발육을 촉진시킬 수 있다. 그렇다면 '왜 클래식 음악일까?' 라는 의문이 생길 수 있겠다.

클래식 음악 즉, 고전음악은 넓은 의미로는 대중음악에 반대되는 개념으로 고대, 중세, 르네상스, 바로크, 고전파, 낭만파, 근대 등의 음악을 총칭하며 오랜 세월이 지나도 높이 평가받고 있는 음악을 의미한다고 할 수 있다. 따라서 고전음악은 대중음악과 달리 환경의 변화에 따라 변화되기보다는 몇 백 년이 흘러도 인간의 감성에 도움을 주며 끊임없이 듣게 되는 음악이다. 또한 과거로부터 전해져 오면서 여러 가지 음악적 양식으로 표현되며, 대중적인 음악처럼 자극적인 요소를 주기보다는 균형과 안정미를 추구한다고 할 수 있다(윤희수, 2006). 따라서 미생물들이 음악을 좋아하기보다는 풍성한 진동에 반응하는 것이다.

오해 3 **음악이 행동까지 변화시킬 수는 없다** 음악치료는 심리치료의 한 분야로 음악치료사는 우울이나 불안, 스트레스가 많은 사람, 심리적인 문제가 있는 사람들을 대상으로 한다고 알고 있습니다. 그러나 음악은 단지 감정이나 정서적인 부분만을 대상으로 하기 때문에 강박증, 공격성 같은 행동을 변화시키기에는 한계가 있지 않을까요?

음악치료는 최근 현대인의 우울이나 불안, 스트레스를 감소시킬 수 있다는 연구를 통해 많은 사람의 관심을 받고 있다. 그래서 음악치료를 심리치료의 한 부분이라고 생각하는 사람들이 많다. 물론, 맞는 말이다. 사람들은 노래를 들으면 기분이 좋아지고, 노래방에서 노래를 부르고 나면 스트레스도 풀린다는 말을 종종한다. 하지만 이것이 음악치료의 전부는 아니다. 음악치료는 공인된 치료사에 의해 진행되며 음악적 경험을 통해 비음악적 행동을 변화시킬 수 있으며 따라서 기분뿐만 아니라 행동에도 영향을 미칠 수 있다. 이는 우리의 몸과 마음은 서로 연결되어 있기 때문이다. 만약 마음에 분노가 있다면 행동도 공격적이 될 수 있으며 분노가 사라지면 그러한 행동 역시 사라질 수 있다. 따라서 음악치료는 감정이나 정서를 다루고 있지만 본질적으로 비음악적 행동 변화를 유도하고자 한다. 궁극적으로 음악치료는 각 클라이언트의 바람직한 행동 변화를 위해 음악을 적용하는 것이며 여기서 말하는 바람직한 행동이라는 것은 감정일 수도, 보이는 행동일 수도 또는 생각일 수도 있다.

오해 4 **음악치료를 받으려면 악기를 연주할 수 있어야 한다** 악기를 다룰 줄 알아야 음악치료를 받을 수 있나요?

음악이 치료로서 기능할 수 있는 장점 중 하나는 보편성과 편만성에 있다. 즉, 교육 수준이나, 연령, 장애 정도, 경제적 환경, 심지어 문화적 환경에 상관없이 누구나 좋아하고 즐기고 참여할 수 있는 안전한 환경이 될 수 있다는 것이다. 음악치료에서는 클라이언트의 상태나 수준 그리고 음악적 선호를 고려해서 활동을 계획하기 때문에, 악기 연주기술이나 성악 능력이 필요하지는 않다.

실제로 음악치료는 다양한 방법으로 적용될 수 있는데 그냥 조용히 앉아서 수동적으로 음악을 감상할 수도 있고 때로는 악기를 연주하고 음악을 만드는 등 적극적이고 능동적으로 참여하도록 계획되는 경우도 있다. 이때 사용하는 악기는 주로 타악기가 사용되는데, 타악기는 남녀노소 누구나 쉽게 연주할 수 있다는 장점이 있다. 일반적으로 타악기는 악기 자체를 두드리거나 흔들거나 긁어서 혹은 문질러서 소리내기도 한다. 그렇기 때문에 비교적 쉽게 악기를 다루고 기존의 연주 방식이 아닌 창의적으로 표현할 수 있다.

오해 5 음악치료는 병원에서만 받을 수 있다 음악치료라고 하면 '치료'라는 말이 들어가는데……그럼 병원에서만 적용되나요? 약물치료와 똑같은 효과를 가져올 수 있는 건가요?

음악치료에서 '치료'를 무엇으로 보는가에 따라 달라질 수 있다. 치료(therapy)는 좋은 방향으로의 변화를 말하는데, 이는 신체적인 부분이나 심리적인 부분 모두에 적용될 수 있다. 음악은 인간에게 정서적 안정이나 기분 전환 등, 심리적인 영역에 영향을 미치고 긍정적인 도움을 준다는 사실에 동의하지 않는 사람

은 아마도 없을 것이다. 상처나 화상 같은 신체적 외상은 밖으로
보여서 아픔을 표현할 수 있고 쉽게 치료할 수 있지만, 우울이나
불안 또는 강박과 같은 심리적인 상처는 밖으로 드러나지 않아
서 실제로 문제를 알지 못하는 경우도 많다. 그러다 보니 치료도
어렵다. 이러한 불안정한 심리상태는 사회적 관계 형성에 어려
움을 겪게 되며 결국 각 개인의 삶에 좋지 않은 영향을 미친다.
이러한 경우 음악치료는 각 개인의 마음에 위로를 주고 비합리
적 사고나 정서를 수정해 나가면서 서서히 자신감을 회복하고,
자신의 삶에 잘 적응할 수 있도록 긍정적인 역할을 하게 된다.

　심리적인 문제들은 육체적인 질병으로 나타나기도 하는데, 이
때도 음악치료가 도움이 될 수 있다. 사실 위의 범위에 포함되기
는 하지만 정서장애나 학습장애, 성격장애 등의 정신적 장애영
역이나 뇌성마비나 파킨슨병 등의 육체적 장애를 가진 사람들에
게도 음악은 효과적인 치료 도구가 될 수 있다.

　또한 음악치료는 예방의 차원에서 문제를 일으킬 잠재성을
안고 있는 대상자에게도 좋은 적용이 될 수 있다. 예를 들어, 결
손 가정이라든가, 탈북자 집단, 교정시설, 성 · 가정폭력이나 약
물 · 게임 중독 등에 직간접적으로 노출되어 관심과 보호가 필요
한 집단에게도 음악은 충분히 치료적이라 할 수 있다. 따라서 음
악치료는 치료라는 의미는 갖고 있지만 단지 병원에서만 적용되
는 것은 아니다.

　그렇다고 음악치료가 약물치료 이상의 강력한 치료제라는 의
미는 아니다. 인간의 건강과 관련해서 치료의 개념은 이미 전체

로서(holistic)의 치료를 의미하며, 따라서 음악치료는 약물로서 해결할 수 없는 내면적이고 개별적인 치료 목적을 이끌어 내는 데 상당히 효과적이라는 의미다.

2. 음악치료사에 대한 오해

오해 1 **음악치료사! 사설기관에서 단기 자격증 취득만으로도 충분하다** 음악치료사는 미래의 유망직종이라고 들었습니다. 하지만 음악치료사 자격증은 국가공인 자격증이 아니기 때문에 대학원에 입학할 필요가 없고 사설기관에서 단기 자격증 취득만으로도 음악치료사로서 충분한 이론 교육과 임상 훈련을 받을 수 있다는데…… 사실인가요?

국내의 경우 현재 음악치료사는 국가공인 자격증이 아니다. 그렇다고 음악치료사의 전문성을 의심할 수는 없다. 왜냐하면 음악치료사가 음악 경험과 그 경험에서 형성된 관계를 통해 클라이언트를 돕기 위해서는 특정한 지식과 기술을 가지고 그의 전문성을 제공해야 하기 때문이다. 예를 들어, 다 함께 노래를 부르는 음악치료 세션(session)이 있다고 하자. 이때, 음악치료사는 클라이언트에 따라 여러 가지 목적을 생각하게 된다. 언어장애 환자를 대상으로 할 때는 음악을 부르면서 발성이나 발음을 교정하기 위한 언어적인 목적도 있고, 호흡이 불안정한 경우에는 호흡을 조절하려고 하는 목적도 있다. 물론 음악을 함께 부르면서 감정이나 정서를 변화시키려는 목적도 있다. 이렇듯 음악치료사는 단순히 음악활동을 하는 것이 아니라 비음악적 목적을 함께 생각해야 한다.

단기간의 훈련으로 음악치료를 따라할 수는 있겠지만 클라이언트에 대한 전문적 이해와 다양한 음악치료적 기술을 담아내는 깊이 있는 음악치료사가 되기는 쉽지 않은 일이다. 청진기를 들고 있다고 의사인 것은 아닌 것처럼, 음악활동을 진행한다고 누구나 음악치료사가 될 수는 없다. 숙련된 음악치료사는 체계적이고 전문화된 교육을 받고 임상훈련을 거친 공인된 전문인이어야 한다.

오해 2 **음악치료사는 음악을 전공해야 한다** 음악치료사는 음악을 사용하여 치료를 하는 전문인이므로 음악을 전공하고 피아노를 전문 연주인처럼 잘 칠 수 있어야 하나요? 음악을 전공하지 않았는데 음악치료사가 될 수는 없나요?

음악치료사는 음악을 사용하는 전문인이다. 따라서 당연히 음악적 능력이 뛰어나야 한다. 실제로 음악치료사들에게 본인은 '음악을 사용하는 치료사인가' '치료를 하는 음악가인가' 라는 질문을 한 연구를 보면(Choi, 1997) 음악을 사용하는 치료사여야 한다는 반응이 높았다. 하지만 인간에 대한 믿음과 애정이 부족한 채 음악적 기술만을 고집한다면, 이 또한 치료사로서의 자질에 부합한다고 보기 어려울 것이다. 왜냐하면 음악치료사 역시 건강과 관련하여 클라이언트의 필요(needs)를 다룰 수 있는 특정한 지식과 기술이 바탕이 된 전문성을 가져야 하기 때문이다. 음악치료에서의 전문성은 음악적 기술, 임상적 기술, 음악치료라는 세 가지 주요 영역을 필요로 한다.

국내의 경우 음악을 전공하지 않아도 대학원에 진학하여 훈련을 받은 후 음악치료사가 될 수 있다. 물론 음악을 잘해야 하는 것은 당연하지만 음악을 전공하지 않은 사람은 음악치료사가 될 수 없다는 것은 오해다.

오해 3 **음악치료사는 주로 병원에서 일한다** 음악치료사도 '치료'를 하는 사람이니까 병원에서 일하나요? 병원에서는 음악치료사를 만날 수 없던데…… 음악치료사는 주로 어디에서 일하나요?

음악치료는 '치료'라는 말이 들어가 있다 보니 꼭 의사들처럼 흰 가운을 입고 병원에서 일하는 것처럼 생각될 때가 많다. 물론 병원에서 일하는 음악치료사도 있다. 예를 들면, 수술 전후 불안감을 많이 느낄 때 음악치료사는 긴장을 이완시켜 줄 수 있는 음악을 선곡하여 들려줄 수도 있고 재활의학과에서는 리듬 요소를 활용하여 보행 같은 신체적인 재활을 도와주기도 한다. 신체적 움직임이 부자연스러운 파킨슨병 같은 경우에도 규칙적인 청각신호를 제공하여 신체의 균형을 잡아 주기도 한다(Lusia, 1987; Staum, 1983; Thaut, 1985). 하지만 여전히 국내 음악치료는 주류가 아닌 보완 대체적 치료로 인식되며 모든 병원에서 일을 하는 것은 아니다. 현재 음악치료사들은 병원뿐만 아니라 장애인들을 위한 학교, 복지관, 정신과 환자들을 위한 사회복귀시설, 개인 클리닉 등에서 일을 하고 있다(장문정, 박지선, 황은영, 2012). 뿐만 아니라 고령화시대를 앞둔 우리나라 노인을 대상으로 하는 음악치료에 대한 수요도 점점 더 확대될 것으로 기대된다.

오해 4 **'치료사'라는 명칭이 없으면 음악치료사가 아니다** 우리 기관에서 일하는 치료사도 음악치료사 자격증이 있다고 합니다. 그런데 자격증 명칭을 보면 여러 가지가 있습니다. 모두 음악치료사인가요?

2013년 9월 현재, 음악치료사 이외에 발달장애치료 관련 민간 자격증은 비공식적으로 400여 개에 이르며, 해당 자격증을 소지한 사람은 추산할 수 없을 정도로 많은 실정이다. 음악치료사의 경우도 민간자격정보서비스(https://www.pqi.or.kr) 민간자격정보 조회를 통해 '자격명'에 음악으로 검색하여 음악치료 관련 자격증을 찾아보면, 임상음악전문가, 임상음악심리사, 음악심리지도자, 음악심리상담지도자, 게슈탈트 임상음악심리사, 아동음악심리지도자, 노인음악심리지도자, 예술심리지도자 등 그 명칭도 다양하다. 이렇게 다양해진 데에는 여러 가지 요인이 있겠지만, 현행 의료법이 의료면허가 없는 의료 행위를 원칙적으로 금지하고 있는 것도 한 가지 원인이 되겠다. 다시 말해서, 현재 음악·미술·언어·놀이치료사는 그들의 자격명에 '치료'라는 단어를 사용할 수 없다는 것이다. 이에 정부는 아동과 노인, 정신장애

환자들을 위한 음악 · 미술 · 행동 치료 관련 치료사의 자격 기준 강화에 대한 방안을 관계부처와 협의 중이다.

하지만 사회적 제도보다 근본적인 것은 치료사로서 자질과 교육이고, 이것이 임상 또는 교육 현장에서 적용하기에 충분한가에 대한 보편적인 기준이 아닐까 생각한다. 임상적 음악이론 과정뿐만 아니라 실습과 수퍼비전이 함께 수반되지 않은 자격증이라면 과연 누구를 위한 자격증이겠는가? 다소 혼잡해 보일 수 있지만 선진국 수준의 의료서비스가 확립되어 가는 자연스러운 과정으로 이해하길 바란다.

전문 음악치료 영역

음악치료 전문가를 배출한 이후 약 16년 동안 국내 음악치료 사들은 여러 분야에서 전문가로서 일을 하고 있다. 병원, 학교, 복지관 등 여러 기관에서 일을 하고 있으며 음악치료는 그 대상에 따라 다르게 적용되고 있다. 따라서 이 장에서는 전문 음악치료 영역을 대상별로 간단히 소개하고자 한다.

1. 아동과 함께하는 음악치료

♫ 아동 음악치료의 이해

아동 음악치료는 아동들에게 치료적 목적을 위한 매개체로 음악을 사용하는 것이다. 아동의 경우 발달 연령 및 기능에 따른 세분화된 치료적 접근이 중요한데, 전반적인 발달과 성장을 촉진하기 위해 음악적 경험을 사용하여 감각통합, 인지기술, 정서적 발달을 지원하고 강화한다. 인간의 발달은 다양한 영역에

서 동시에 진행되며 각 영역이 긴밀하게 연결되어 상호작용하
는데, 선천적인 것뿐 아니라 후천적으로 주어지는 환경적 요인
들이 상호작용에 영향을 미친다. 또한 음악치료는 각 영역들 간
의 불균형으로 인한 발달상의 어려움, 심리적 · 정서적 불안, 부
적응적 행동 등을 나타내는 아동에게 의사소통, 인지, 운동, 정
서, 사회성 영역 등에서 부족한 부분을 개선하도록 도울 수 있다
(Lathom-Radocy, 2009).

　음악치료가 이루어지는 분야를 보면 아동 영역이 현저히 많고
그중에서도 발달장애 아동을 대상으로 한 음악치료가 대부분을
차지한다(장문정, 박지선, 황은영, 2012). 발달연령에 따라 적용되
는 음악치료를 살펴보면 학령전기 아동의 경우 주로 발달을 촉진
하고 발달에 필요한 기능을 향상시키거나 부족한 기능을 보충하
기 위해 음악치료를 시행한다. 학령기 아동들은 인지 · 행동 · 사
회 기술 영역에서의 발달과 기능 향상을 필요로 하는 경우가 많
다. 이때 음악치료는 음악 경험을 통해 행동을 변화시키고 준비
기술, 학습 기술, 자기통제 기술 등의 새로운 기능을 배울 수 있
도록 함으로써 교육적 결핍이나 학습 문제들을 해소하고 구조적
이고 조직화된 환경에서의 적응을 돕는다. 음악치료는 청소년기
학생들에게도 좋은 치료적 도구가 될 수 있는데 몸과 마음의 변
화가 급격하여 민감하고, 자의식이 발달하는 과정 중에 있는 이
들에게 치료라는 것에 대한 거부감을 주지 않으면서 그들의 문
제에 접근할 수 있다는 장점을 가진다. 음악치료는 이 시기의 청
소년들이 겪을 수 있는 행동적 · 정서적 어려움을 그들이 선호하

는 음악적 방법들을 통해 해소할 수 있는 통로가 되어 줄 뿐 아
니라 자기 정체성을 확립하고 스스로를 발전시킬 수 있는 방법
과 기회를 제공하기도 한다.

아동 음악치료는 이렇게 대상별 특성과 치료 목적에 따라 적
용된다고 볼 수 있는데 그 대상으로는 발달장애 아동, 지체장애
아동, 정서 및 행동장애 아동, ADHD 아동, 일반 아동 등 다양한
대상에 따른 적합한 치료적 지원을 시행하게 된다.

이처럼 아동 음악치료는 아동들의 정신적 · 신체적 성장과 건
강을 위해 음악을 사용하되 발달연령 및 대상에 따라 구체적인
치료적 목적을 세워 문제를 해결하고 필요를 채워 주는 것이라
할 수 있다.

♪ 아동 음악치료의 목적

아동 음악치료에서는 치료 대상이 지닌 문제와 필요에 따라
치료의 단기적 또는 장기적 치료의 목적을 설정하는 한편, 아동
의 기능과 치료 목적을 고려하여 개별치료와 집단치료로 구분한
후 치료 계획을 세우게 된다.

(1) 개별치료의 목적

개별치료를 위한 치료 목적에는 다음과 같은 것들이 있다.

첫째, 발달을 촉진하고 운동기능을 향상시키는 것이다. 즉, 발
달지연 및 발달장애, 신체장애, 감각장애 아동과 같이 신체적 움

직임이 원활하지 못하여 어려움을 겪는 아동의 감각발달, 감각 통합, 대소근육 운동기능, 신체재활 및 언어재활을 돕는다.

둘째, 인지/행동 영역에서의 기능을 향상시키는 것이다. 즉, 발달장애, 지적장애, 학습장애, ADHD 아동 등 주의력/집중력이 부족하고 충동적인 아동이나 인지적 활동에 어려움을 겪는 아동들의 자아 지각, 타인 인식, 현실 인식, 과제 집중, 문제해결 능력, 구조화 기술, 학업 기술, 의사소통, 기억/회상, 집중/지속력, 사회교류 기술 등의 향상을 돕는다.

셋째, 심리/정서 영역에서의 변화와 안정을 위한 목적이다. 즉, ADHD, 학교 부적응, 애착문제 등으로 심리적 어려움을 겪는 아동의 감정 확인 및 표현, 충동조절, 스트레스 해소, 자존감 향상, 자기 표현 등을 돕는 것이다.

마지막으로 치료교육 영역에서의 치료적 목적이 있다. 즉, 발달장애, 지적장애 아동 등 특수한 교육적 접근을 필요로 하고 음악 재능을 계발하고 싶은 아동의 창의성 계발, 기능 성취를 돕는 것이다.

(2) 집단치료의 목적

관계 형성이나 사회교류 기술 등이 필요한 아동을 대상으로 다음과 같은 집단치료의 목적을 설정하여 치료를 계획하게 된다.

첫째, 사회기술 영역의 기능을 향상시키는 것이다. 유치원이나 학교생활 등 사회생활 적응에 필요한 참여행동, 방향성 인식, 차례 지키기, 의사소통 및 교류기술, 자기 표현, 타인 인식, 협동/팀워크, 리더십 기술, 또래와의 관계 증진, 공감능력 등을 향상시키도록 돕는다.

둘째, 음악경험 집단 및 연주 집단을 통해 사회교류 기술 향상, 리더십 기술 향상, 자존감 향상과 기능적 성취를 돕고 다양한 음악 경험 및 여가활용의 기회를 제공하는 것이다.

♬ 아동 음악치료의 방법

앨리스-앤 대로우(Alice-Ann Darrow, 2006)의 『음악치료접근법 (Introduction to approaches in music therapy)』에서는 음악치료에서 사용하는 접근법을 크게 음악교육에서 변형된 접근법, 음악심리치료 접근법, 의료적 음악치료접근법의 세 가지 영역으로 나누었다. 치료 목적에 따라 적용하는 접근법들이 모두 다르지만 아동 음악치료 현장에서 주로 많이 사용하는 접근법은 음악교육에서 변형된 접근법과 음악심리치료 접근법이라고 볼 수 있다.

음악교육에서 변형된 접근법은 주로 교육적 측면에 중점을 둔 네 가지 치료모델, 즉 오르프(Orff) 접근법에 기초한 음악치료, 달크로즈(Dalcroze) 접근법에 기초한 음악치료, 코다이(Kodaly) 접근법에 기초한 음악치료, 킨더뮤직(Kindermusik) 접근법에 기초한 음악치료를 치료 목적에 맞게 아동들에게 적용한다.

음악심리치료 접근법에는 유도된 심상과 음악(guided imagery and music: GIM, 이하 GIM), 노도프-로빈스(Nordoff-Robbins) 음악치료, 정신역동적 접근법에 기초한 음악치료, 행동주의 접근

법에 기초한 음악치료 등이 있다. 이 접근법 역시 아동 음악치료
에서 매우 유용하게 사용하는 영역이라 할 수 있다.

(1) 교육적 측면에 중점을 둔 아동 음악치료

치료적 목적 영역을 교육적 기반으로 두어야 하는 경우 음악
교육에서 변형된 접근 방법을 적용한다. 클라이언트가 기능적
독립생활과 사회적응에 필요한 지식, 행동, 기술을 얻도록 돕는
데 주목하게 되는데, 이 분야의 실행은 학습강조 영역(음악적 또
는 비음악적 영역), 학습의 치료적 가치, 특정한 클라이언트의 문
제와 필요를 위한 목적과 방법의 개별화 정도, 클라이언트-치료
사 관계의 본질에 따라 다양해진다(최병철, 2006). 이 접근은 장
애 아동들을 다루는 특수아동 음악치료 현장에서도 많은 부분
적용된다. 오르프, 달크로즈, 코다이, 킨더뮤직의 방법을 치료적
으로 변형하여 접근할 수 있다. 그 외에도 발달과정상의 특성상
전반적인 발달을 촉진하고 도울 수 있는 교육적 접근의 음악치
료가 필요한 아동의 경우, 교육적 측면에 중점을 두고 음악치료
를 적용한다. 교육적 필요에 주목하는 것 외에도 클라이언트가
인생 여정에서 지연되거나 방해받아 온 각종 발달과제들을 달성
하도록 돕는 일에 이 접근법의 사용을 주력한다(최병철, 2006).

(2) 심리치료적 측면에 중점을 둔 아동 음악치료

정신건강 문제가 사회적으로 대두되면서 아동기에서 발생하
는 다양한 심리적 · 정서적 · 행동적 문제들도 확산되고 있다. 발

달과정상의 특성 및 외부 환경과의 상호작용의 질이 아동기 및 청소년기의 문제행동과 밀접한 관련이 있으며, 음악활동을 통해 심리적·정서적 지원을 받을 수 있다(김수지, 2012).

치료 목적에 따라 치료적 방법은 매우 다양하다. 예를 들면, 청소년기의 심리적 이슈나 가족문제, 우울, 불안 등의 정서적인 문제를 다룰 때는 그들의 심리적 상태와 문제의 정도를 고려하여 정신역동적 접근법에 기초한 음악치료 등을 제공하기도 하며, 타인과의 의사소통이 부적절한 자폐성 아동의 경우 적절한 의사소통을 끌어내기 위한 수단으로 음악이 중심이 된 노도프-로빈스 음악치료를 적용하기도 한다. 또한 행동의 변화나 행동 조절을 이끌어 내기 위해 과제 분석, 정적강화, 부적강화, 변별강화, 타임아웃 등의 기법을 적용한 행동주의 접근법에 기초해 음악치료를 적용할 수도 있다.

♫ 아동 음악치료의 과정

아동을 대상으로 한 음악치료는 주로 보호자나 담당교사에 의해 치료 의뢰가 들어오며, 보호자와의 사전 면담이나 상담 후 치료 목적 설정을 위해 진단평가를 하게 된다. 평가 기간은 보통 4주 정도로 아동이 가진 심리적·행동적 문제, 정서 상태, 인지 기능, 음악적 능력, 운동기능, 의사소통 및 사회기술 능력, 아동의 특별한 장점 및 필요 등, 음악적 행동 및 비음악적 행동을 포괄하여 아동의 전반적인 상태를 점검하게 된다. 진단평가를 통해 치료 목적을 설정한 후 중재를 시작하며 매 시간 도달해야 할 구체적인 목표와 치료 계획을 세운다. 일정 기간 치료적 중재가 진행되면 중간 평가를 거쳐 목표를 재설정한 후 치료를 지속하거나 종결한다.

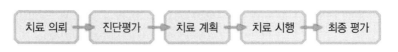

[그림 2-1] 아동 음악치료의 과정

♫ 아동 음악치료에서의 고려사항

아동 음악치료에서는 첫째, 부모와의 상담이 매우 중요하다. 12세 미만의 아이들은 아직 여러 가지 측면에서 미숙하기 때문에 부모에게 많은 영향을 받으며 부모와의 관계, 치료에 대한 부모의 이해도 등이 치료에 미치는 영향 또한 무시할 수 없다. 따라서 치료의 목적과 진행 방향 등을 부모에게 잘 설명하고 치료 외의 생활 전반에 대해서 부모와 이야기 나누면서 치료와 일상 생활이 연계되도록 해야 한다.

둘째, 치료실 전반의 환경, 특히 안전한 환경 조성이 중요하다. 발달장애 아동 중에는 높은 곳에 오르거나 뛰어내리기를 좋아하는 아이도 있고, 조명이나 주변 소음, 전자제품(키보드나 CD 플레이어 등)의 스위치나 반짝이는 불빛 등에 예민하게 반응하거나 집착하는 경우도 많다. 또한 치료 시 다양한 악기들이 사용되는데, 아이들 중에는 악기를 적절히 다루지 못하는 경우가 많으며 미숙한 조작이나 행동이 아이들뿐 아니라 치료사 본인에게도 위협이 될 수 있다. 따라서 아동의 주의를 분산시킬 수 있는 요소들을 최소화하고 무엇보다 안전에 주의를 기울여야 한다.

셋째, 연령 또는 장애나 지체 정도에 따른 기능 차이를 고려하여 활동을 계획해야 한다. 특히 인지적 과제를 제시할 경우, 과제를 구체적이고 세밀하게 분석하여 제시하고 단일과제에서 복합과제로의 단계적 접근을 통해 전체를 통합해 나가야 한다.

마지막으로, 상황에 따른 적절한 대처 능력이 있어야 한다. 치료 상황에는 언제나 다양한 변수가 존재하며 예기치 못한 돌발 상황이 발생하여 계획했던 것과는 다른 방향으로 치료가 진행될 수도 있다. 이때 치료사는 빠른 상황 판단과 직관으로 현 상황을 유지할 수 있도록 중심을 잡거나 반대로 변화를 수용하여 함께 흘러갈 수 있어야 한다. 단순한 임기응변이 아닌 치료적으로 의미 있는 대처 능력이 필요하다.

2. 청소년과 함께하는 음악치료

♫ 청소년 음악치료의 이해

청소년 음악치료는 청소년의 신체와 정신의 건강을 위해 음악 경험(즉흥연주, 재창조연주, 작곡, 음악 감상)을 치료 목적에 따라

체계적인 과정 안에서 사용하는 것이다. 음악경험은 청소년들에
게 자신의 감정과 타인의 감정에 대한 소통의 기회를 제공하며,
비위협적인 매체로 신뢰감을 형성할 수 있는 환경을 제공하고
내재되어 있는 창조적이고 긍정적인 에너지를 끌어내어 준다.

청소년은 만 9세 이상 24세 이하로 「청소년 기본법」에서 정의
하고 있으며, 급격한 성장과 변화로 인해 인지 · 정서 · 사회 · 심
리 등 다양한 영역에서 심리적 변화를 보인다. 사회와 가정, 학
교는 청소년의 발달이 균형 있게 성장하도록 안내와 도움을 주
는 역할을 해야 한다. 하지만 어른들의 역할 부재와 적절한 시기
의 교육 및 도움의 균형이 깨어져 청소년들은 많은 갈등을 경험
하게 된다.

이전에는 대부분 장애를 가진 청소년(발달장애, 지적장애, 다운
증후군, 뇌성마비, 복합장애 등)들이 음악치료를 받기 위해 치료실
을 찾았다면 최근에는 정신건강 문제를 가진 청소년들이 많아졌
다. 이러한 청소년들은 크게 공격적이고, 분노조절이 어렵거나
주의력결핍 및 과잉행동장애(ADHD)를 나타내는 외현화 문제와
우울, 자살, 불안으로 나타나는 내면화 문제를 갖고 있다. 그 외
강박장애와 섭식장애, 외상후 스트레스 등의 문제를 갖기도 한
다(Kendall, 2010).

이러한 이유로 사회적 이슈(학교폭력, 이혼, 입시 스트레스 등)에
따라 청소년들의 상담 및 심리치료에 관심을 높이고 있고, 음악
치료 안에서도 다양한 목적을 가진 청소년 음악치료가 확대되고
있다.

♬ 청소년 음악치료의 목적

청소년 음악치료의 목적은 치료 진단평가와 학부모 상담 및 대상 청소년의 주요 문제에 따라 결정되며, 주로 다루는 영역은 크게 세 가지로 볼 수 있다(McFerran, 2010).

첫째, 인지 영역으로서, 현실인식 능력을 증진시키고, 문제해결 능력과 학습 능력의 증진을 도모하는 것이다. 전두엽의 발달단계에 있는 청소년은 전두엽의 기능인 집중 유지, 판단력, 조직화 기능, 예견적 사고 등의 문제에 미성숙하다. 문제해결 능력 및 사건에 대한 종합적인 대처 능력을 기르기 위한 지속적인 자극과 발달이 필요하며, 결정력과 판단력의 발달, 현실 안내와 인식 향상을 목적으로 음악치료가 진행된다. 또한 청소년은 정체성 형성이라는 중요한 목적을 가지므로 자기 표현, 자기 개념, 자아존중감, 자기 인식, 자신감, 자기 이해, 자기 조절 등을 돕는다.

둘째, 정서 영역으로서, 내면을 탐구하고 자신의 감정을 표현하며 정서적 안정을 찾는다. 자신의 감정을 적절히 표현하는 데 미성숙한 청소년들은 감정을 충분하고 적절하게 표현하는 방법을 찾고, 경험하며, 성숙할 수 있도록 돕는다. 또한 불안정한 감정과 우울, 분노의 문제, 학교폭력 및 트라우마로 인한 해결되지 못한 정서적인 문제들을 다루고 해결하며 조절하도록 돕는다. 즉, 자기 정서 표현기술 향상, 즐거움 제공, 적절한 정서 식별과 감정 표현 발달, 생활 에너지 증진, 침체된 정서의 고양 등의 목적으로 음악치료가 진행된다.

셋째, 사회성 영역으로서, 의사소통 및 대인관계의 사회기술 향상을 목적으로 한다. 또래관계가 중요한 청소년 시기에는 새로운 관계들을 확립해 가며 사회기술을 배우고 소통의 문제들을 다루어 바르게 성장하도록 돕는다. 고립에서 벗어나 사회 참여하기, 눈 마주침 향상, 언어·비언어적 교류 증진, 적절한 자기주장 증진, 자기행동 조절 향상 등의 목적이 있다.

♫ 청소년 음악치료의 방법

음악은 다양한 환경, 문화, 배경, 나이를 뛰어넘어 소통할 수 있어 청소년들에게 거부반응 없이 다가갈 수 있는 최고의 매체이며 림빅시스템(limbic system, 감정과 동기유발의 중추) 내부의 작용으로 정서적인 반응을 일으킨다(최병철, 2006).

또한 음악은 다양한 내적감정을 표현하고, 수용해 주며 즐거움을 통해 카타르시스를 경험하게 한다. 또한 부정적인 에너지를 표출하고 긍정적인 경험을 하게 해 주며 사회공동체 의식을 형성하게 한다.

이러한 음악은 전문적으로 훈련된 음악치료사를 통해 치료(therapy)라는 체계적이고 과학적인 과정으로, 치료 목적에 따라 다양한 방법으로 음악을 경험하게 된다. 부르샤(Bruscia, 1998)에 따르면 음악치료에서는 음악보다 음악경험을 중시한다고 하였다. 단순히 음악을 사용한다기보다 수동적·능동적으로 음악을 '경험'하는 치료 형식인 것이다. 음악을 통해 해결과 변화를 경험

하며 치료사와 청소년 그리고 음악의 세 가지 다양한 관계가 의
미 있는 경험을 하게 된다.

(1) 재창조 연주

재창조 연주는 기존에 작곡된 곡에 악기와 연주를 재구성하는
것으로 악기 연주와 노래 등이 포함된다. 일반적으로 학교나 학
원에서 배우는 음악, 음악활동, 음악치료의 차이점은 음악치료
사가 청소년을 위해 세운 치료 목적을 위해 음악을 사용하고, 음
악 외적 행동의 변화를 위한 경험이라는 것이다.

악기 연주에서는 다양한 악기를 제공하여 흥미와 즐거움을 제
공하고 기존에 있는 곡에 개인별로 역할을 주어 책임감을 가질
수 있게 한다. 음악이 가진 구조 안에서의 역할은 자신의 힘을
조절하고, 다른 사람과 소통하며 타인과 협조하는 과정을 통해
사회성을 향상시킨다. 또한 성공적인 경험을 통해 성취감과 자
신감을 증진시킨다. 재창조 연주의 한 형태인 음악극은 자신의
역할과 악기 연주, 대사를 통해 주제를 인식하고 삶에 대한 다양
한 경험을 할 수 있도록 악기 연주와 대사로 구성된 이야기가 있
는 활동이다.

노래활동에서는 감정을 반영하는 멜로디와 인지적인 가사가
통합적으로 작용하여 청소년에게 공감할 수 있는 영역을 만들어
내고 자신의 감정과 생각을 가사에 투사하여 표현할 수 있게 한
다(Bruscia, 1998). 대중음악에 대한 관심이 많은 청소년의 선호
에 따른 곡 선택은 치료 방향 설정에 많은 도움을 주며, 청소년

들이 마음을 열고 치료 환경에 들어올 수 있도록 도와준다.

노래는 다양하게 활용되는데, 그 내용은 다음과 같다.

- 노래 대화하기(song communication): 노래를 듣고 노래에 대한 생각이나 느낌을 토의하고 나누기
- 노래 부르기(singing): 일반적인 노래 부르기, 목소리로 가사와 멜로디를 표현
- 노래 회상하기(song reminiscence): 노래를 통해 과거를 회상함
- 합창: 집단원과의 합창활동은 소리를 조절하고 합하는 과정을 통해 집단 간의 응집력과 대인관계에 도움을 줌
- 지휘: 노래 집단을 지휘하면서 책임감, 자신감, 성취감을 경험 할 수 있음

(2) 즉흥연주

기존의 악보를 보고 연주하는 것이 아닌, 감정과 주제를 자유롭게 즉흥적으로 연주하는 것을 말한다. 즉흥연주를 통해 청소년들은 억눌렸던 자신의 감정들을 확인하고 건강하게 표현하는 방법을 배워 나간다. 즉흥연주는 비언어적인 표현으로 자신의 감정을 자유롭게 표현할 수 있고, 다양한 소리와 크기를 가진 악기에 자신을 투사하고 동일시하며 연주할 수 있다. 청소년들은 자신의 감정에 대해 집중하는 경향이 있어 그 감정과 관련되어 연주하고, 감정과 연결된 문제에 대한 생각을 탐색하며, 정서를 조절할 수 있도록 돕는다.

또한 즉흥연주의 경험은 치료사 혹은 집단원과의 음악적 상호
교류의 경험을 통해 의사소통의 채널 형성과 언어적 의사소통에
대한 가교를 형성하고 자기에 대한 인식과 통찰을 돕는다. 이에
집단 즉흥연주는 집단과 함께하는 기술을 발달시키고, 대인관계
에 있어 친밀감을 높이는 데에도 도움을 준다.

음악치료 즉흥연주에는 창조적 음악치료, 분석적 음악치료(성
인 음악치료 참고), 실험적 즉흥연주가 있다.

창조적 음악치료(creative music therapy)는 인본주의 심리학
에 기초를 두었으며, 폴 노도프(Paul Nordoff)와 클라이브 로빈스
(Clive Robbins)에 의해 발전되었고 모든 사람들에게는 음악에 반
응하는 '음악아(music child)'가 있다고 믿는다. 창조성과 즉흥성
의 특성을 가지며 음악적으로 아동과 만나 음악적 기술을 발달
시키고 교류 확립이라는 단계를 가진다.

실험적 즉흥연주(experimental improvisation-Riordan-Bruscia
model)는 음악에서 보이는 행동과 사회적 행동의 일관성을 강조
한 부르샤에 의해 발전된 즉흥연주다. 즉, 사회적 상호작용이 음
악 즉흥연주에서도 그대로 나타나고 반영이 된다는 것이다. 실
험적 즉흥연주는 감정을 불러일으키는 단계에서 다양한 방법과
악기, 도구 및 신체 등으로 자신의 소리를 표현하고 이러한 즉흥
연주를 평가하여 클라이언트를 이해할 수 있게 도와준다.

즉흥연주에는 이와 같이 악기로 연주하는 즉흥연주와, 가장
직접적인 표현의 수단이며 자신을 나타낼 수 있는 목소리를 사
용하는 성악즉흥(성인 음악치료 참고)도 있다.

(3) 노래 만들기

노래 만들기(songwriting)는 기존에 있는 곡에 가사를 단계적으로 바꾸기도 하고, 브레인스토밍 과정을 통해 가사와 멜로디 전체를 창조하기도 한다. 노래 만들기 활동은 청소년들의 자기표현과 자아개념 향상에 도움을 주고(Baker & Wigram, 2008), 충동성과 불안 감소에 영향을 준다(이영미, 2005). 집단 노래 만들기는 집단 간의 응집력, 의사교류 및 협력, 조율 능력을 향상시키고, 상호교류를 증진시키며, 완성 작품을 통해 성취감 및 신뢰를 형성하게 한다(정현주, 2002).

또한 노래 만들기 과정을 통해 청소년의 왜곡된 사고와 문제가 되는 부정적인 사고로부터 대안을 찾고 융통성을 가질 수 있도록 도울 수 있다. 그리고 지속되는 부정적인 감정과 정서로부터 벗어날 수 있도록 방법을 찾고 대안을 찾는 과정에도 도움이 되며, 학교와 또래관계에서 일어날 수 있는 다양한 상황들을 해결해 가는 방법을 노래를 만들면서 찾아갈 수 있다.

(4) 감상

청소년이 선호하고 그들의 언어로 표현된 음악을 감상하거나 치료사에 의해 녹음된 음악을 감상하기도 한다. 감상의 경험은 신체적 · 정서적 · 영적 영향을 미치기도 하고 가볍게는 긴장 이완, 고통 감소를 위해 사용되기도 하며 연상적 · 회상적 감상과 토론을 통해 치료를 진행하기도 한다. 이러한 감상활동은 불안 감소 및 긴장 이완, 청소년의 공격성 및 주의력 결핍에 영향을 주기도 한다(이유찬, 2005). 또한 자아성찰과 내면탐구를 위해 음악 감상, 심상을 사용하는 심리치료로 진행한다(51쪽 참고).

♫ 청소년 음악치료의 과정

(1) 치료 의뢰 및 초기 상담

청소년은 보호자나 학교 선생님, 병원의 담당 의사로부터 음악치료가 의뢰된다. 초기 상담 시에는 청소년과 학부모가 같이 오기도 하고, 부모와 관계가 좋지 않은 청소년은 다른 날을 잡아 방문하기도 한다.

(2) 목적과 목표 설정을 위한 진단평가

음악치료 진단평가는 총 4회에 걸쳐 사회성, 정서, 인지, 운동, 음악능력, 청소년의 강점과 약점, 개인정보(환경, 배경, 병력 등)를 관찰하고 평가한다. 진단평가를 위해 음악치료실 외에 심리검사 및 의사의 진단을 참고한 후, 청소년에게 가장 시급하고 우선적으로 필요한 문제의 해결을 목적으로 하여 치료의 목표를 세운다.

(3) 치료 진행

세워진 목적과 목표를 기준으로, 전문적으로 훈련된 음악치료사가 체계적으로 계획을 세워 치료가 진행된다. 치료 진행 시에는 부모와의 상담을 연계하여 지속적으로 학교와 집, 밖에서의 행동과 정서의 변화를 확인한다.

(4) 치료 활동의 적용과 반응에 대한 중간 평가 및 최종 평가

치료가 충분히 진행된 후 치료의 방향성, 청소년의 반응과 변화, 발전에 대한 중간 평가를 하거나 치료 종결 후 최종 평가를 시행한다.

♬ 청소년 음악치료에서의 고려사항

(1) 청소년의 음악적 선호도를 고려한다

청소년 음악치료에서 가장 중요한 것은 라포의 형성과 청소년의 선호 파악이다. 사춘기를 겪고 있는 청소년들과 치료사가 첫 시간 신뢰를 얻고 마음을 여는 작업은 앞으로의 치료 진행에 있어서 가장 중요한 열쇠가 된다. 음악치료사는 음악이 라포 형성에 매우 중요한 역할을 함을 인지하고, 청소년들이 선호하는 음악과 그 시대의 음악 및 음악 프로그램에 대해 많은 정보를 가지고 있어야 한다.

(2) 청소년 음악치료의 우선순위는 음악이 아니라 청소년이다

음악치료는 대상자와 치료사 그리고 음악이라는 세 가지 환경의 만남과 관계로 치료가 진행이 된다. 치료가 진행되면서 음악치료사는 치료 대상자인 청소년보다는 음악을 아름답고 실수 없이 완성하는 데 집중하는 실수를 범할 수 있다. 음악치료에서는 청소년에게 음악경험을 통해 어떠한 의미를 경험하고 삶에 의미 있는 변화를 주는지에 초점을 두어야 함을 잊지 말아야 한다.

(3) 부모 상담 시 전달의 정도와 부모교육에 주의한다

음악치료 시 청소년이 고백한 다양한 사건과 이야기들에 대해 치료사는 지혜롭게 부모와 상담을 진행해야 한다. 부모와 관계가 좋지 않은 청소년들의 이야기를 그대로 모두 다 전달할 때 오히려 부모와의 관계가 더 악화되는 경우도 있으나 치료사가 지혜롭게 전달을 한다면 도움이 될 때도 있다.

또한 자녀와의 대화 및 소통하는 방법, 자녀에게 자율성과 선택권을 주는 것, 진로상담 등의 부모교육이 필요하다. 그래서 부모 상담 시 청소년의 필요를 잘 전달하고 올바른 관계와 양육이 지속되도록 도와야 할 것이다.

(4) 약물치료의 영향에 대해 이해한다

약물을 복용하고 있는 청소년 치료 시, 약물의 종류와 특성, 부작용 등에 대한 이해가 필요하다. 약물로 인해 늘어지는 것을 우울하고, 자신감이 없는 것으로 보는 경우가 있으므로 치료 목적을 설정하기 전에 확인이 필요하다. 또한 약물치료와의 병행이 필요한 청소년은 치료 시 지속적으로 약물을 복용하고 있는지 확인해 줄 필요가 있다.

3. 성인과 함께하는 음악치료

♬ 성인 음악치료의 이해

성인 음악치료는 치료적인 음악과정을 통해 정신건강, 심리적 문제를 가진 성인들이 보다 나은 생활을 할 수 있도록 돕는 것을 말한다. 과거에는 정신분열증, 우울증, 신경증 등 진단을 받은 정신질환자들을 대상으로 적용되었지만 최근에는 관계나 성격의 문제, 스트레스, 자기돌봄이 필요한 일반인들로 그 대상이 확대되어 시행되고 있다. 성인 음악치료는 단순히 성인연령에 맞춘 접근법이 아니라, 사회의 일원이자 개인으로서 균형 있는 사람이 되도록 돕는 음악치료라고 할 수 있다. 따라서 이들을 돕기 위한 음악치료는 매우 전문적인 훈련과 깊이 있는 이론적 지식을 필요로 한다.

♬ 성인 음악치료의 목적

성인 음악치료의 목적은 대상에 따라 크게 두 가지로 나누어 살펴볼 수 있다. 하나는 정신과적 질환을 가진 클라이언트를 위한 음악치료이고, 다른 하나는 일반인을 위한 음악치료다.

(1) 정신과 클라이언트를 위한 음악치료의 목적

정신과 클라이언트를 대상으로 하는 음악치료의 목적은 첫째,

사회기술 향상이다. 정신분열이나 기분장애를 가진 클라이언트의 경우에는 특히 사람들과의 관계에 문제가 있는 경우가 많다. 질환으로 인한 증상 때문이기도 하지만 자아존중감이 낮아 대인관계에 문제를 가지고 기피하는 경향을 보이기도 한다. 이로 인해 사회적으로 고립되는 경우가 많으며 전반적인 사회기술에 문제를 가지기 쉽다. 이러한 클라이언트를 위한 음악치료의 목적은 사회적 고립에서 벗어나 사회교류 기술을 배우고, 자신과 타인에 대해 인식하며, 집단에서의 적응과 참여를 돕고, 리더십 기술과 여가시간 활용법 등을 배우는 것이다. 또한 적절한 자기주장과 참여행동을 익히고, 주의집중과 관계에 있어서의 유연성 습득 등을 목적으로 한다.

둘째, 정서적인 문제를 돕는다. 정신과 클라이언트의 경우 기질적으로 또는 뇌의 화학물질 분비의 불균형, 심리적인 상처들로 인해 감정적인 문제를 겪기 쉽다. 예를 들어, 자신의 감정에 대해 잘 인식하지 못할 뿐만 아니라 감정을 조절하는 능력도 부족해지기 쉽다. 따라서 이들을 위한 음악치료에서는 분노 조절, 스트레스 관리, 감정 확인 및 조절, 불안 및 충동 조절, 관계에 있어서의 정서적 공유, 타인과의 감정 공감 및 교류 등을 목적으로 하여 정서적인 부분들을 돕도록 한다.

셋째, 인지적인 문제를 돕는다. 정신과적인 질환을 가진 클라이언트는 지능과는 무관하게 일시적 또는 장기적인 사고장애가 종종 관찰된다. 물론 뇌의 기능적인 문제에 따른 결과이기도 하지만 인지적인 문제는 일상생활을 하는 데 큰 어려움을 초래하며 감각적 이상과도 큰 관련이 있어 환청, 신체변화의 지각, 심상 등의 문제와도 연결된다. 이러한 인지·감각적 문제를 위한 음악치료에서는 자존감 향상, 망상이나 환청 등으로부터의 환기, 신체 지각, 문제해결 기술의 발달, 자기지각, 자기확신, 현실 인식, 지시 따르기 등의 향상을 목적으로 한다.

넷째, 운동기술의 향상을 돕는다. 정신과 환자들이 복용하는 약물에는 빛과 그림자가 존재한다. 증상을 줄여 주는 약들은 자율신경계에 영향을 미쳐 약간의 운동장애나 타액 분비, 호르몬 조절에 영향을 주기도 한다. 또한 장기간 입원해 있는 환자의 경우에는 신체적 활동량이 적어져 이차적인 문제를 갖게 되기도 한다. 따라서 음악치료는 신체의 활력, 약물의 부작용 예방 및 감소를 위한 운동기능 향상, 언어유창성 증진 등을 목적으로 한다.

마지막으로 자기주장, 눈 마주침, 공격성, 불평, 긴장성 행동 등 행동 영역에 대한 음악치료도 매우 중요한 목적으로 적용되고 있다. 뿐만 아니라 최근에는 알코올 중독, 게임 및 인터넷 중독, 대체약물 남용 등의 문제가 크게 대두되고 있으며, 이에 대한 정신과에서의 치료적 음악 사용이 확대되고 있다.

(2) 일반인을 위한 음악치료의 목적

심리적인 이슈를 가진 성인을 위한 음악치료는 자기탐구, 스트레스 조절, 감정 확인 및 조절, 내면 성찰, 대인관계 증진, 과거의 상처 치유 등, 마음의 문제를 탐색하고 해결하는 데 그 목적을 둔다. 이러한 목적들을 살펴보면 단순히 심리적인 불편함을 가진 클라이언트뿐만 아니라 자기성장을 위해 심리치료를 받고자 하는 사람들도 늘어 가고 있음을 알 수 있다. 실제로 육아 스트레스, 중년여성의 화병, 사별에 대한 감정, 음악인의 연주 불안, 남녀 교제문제 등으로 음악치료를 찾는 사람들이 늘어 가고 있다.

♬ 성인 음악치료의 방법

(1) 정신과 클라이언트를 위한 음악치료의 적용

정신과 클라이언트를 위한 음악치료는 진단에 따라 그 목적과 목표가 달라지지만 대개 활동을 통한 방법, 심리치료를 사용한 통찰력의 발달, 재활과 교육에 목적을 둔 치료 방법을 사용하고 있다. 다음은 휠러(Wheeler, 1983)가 제안하는 음악치료의 일반적인 세 가지 구분과 적용이다.

첫째, 지원적이며 활동 중심적인 음악치료다. 이 단계의 음악치료는 주로 치료에 대한 참여, 활동에 대한 적극적인 참여 자체를 위한 것이다. 음악활동에 참여하는 그 시간을 충분히 경험하고 바람직한 행동으로 이행할 수 있도록 한다. 따라서 내면적인 탐색이나 심리적인 갈등 문제를 다루기보다는 활동 안에서 행동적인 변화를 가져올 수 있도록 한다. 즉, 행동에 대한 조절, 현실에 대한 인식, 사회성 훈련, 집중력 향상, 취미활동의 습득을 위해 다양한 음악적 방법을 사용하는 것이다. 따라서 치료사는 음악활동 안에서 흥미를 느낄 수 있도록 활동을 계획하고, 치료 목적에 맞는 활동을 구성하여 충분히 경험하고 참여할 수 있도록 하는 것이 중요하다. 예를 들어, 사회성이 부족한 정신질환 클라이언트가 음악 안에서 하나가 되고 허용되는 경험을 충분히 갖게 되면 타인과의 관계를 받아들이고 집단 안에서의 소속감과 자신감을 갖게 된다. 이처럼 활동 중심의 음악치료는 그 과정 자체가 의미 있는 변화를 줄 수 있다.

둘째, 재교육 및 내면적 과정에 입각한 음악치료다. 이 단계의 음악치료는 음악치료를 통해 느낀 생각과 감정들을 치료사와의 교류와 대화를 통해 재정립하고 문제점을 고쳐 갈 수 있도록 하는 것이다. 따라서 음악과 함께 대화의 과정을 수반한다. 경험 자체보다는 경험이 주는 의미, 바람직한 변화를 위한 동기를 유발시키며 문제해결의 방법을 발견할 수 있도록 한다. 음악 안에서 자기를 탐색하고 문제점들을 인식하게 되는 과정을 통해 자신의 가치를 발견할 수 있다. 이것은 클라이언트에게 자긍심을 주며 사회의 일원으로서 또는 주어진 상황에 대한 내관(insight)을 향상시켜 줄 수 있다.

셋째, 분석적이고 카타르시스적인 음악치료다. 이 단계에서는 클라이언트의 어린 시절 또는 과거, 클라이언트가 인식하지 못하고 있는 오랜 감정의 문제, 무의식과 관련된 정신적·감정적 문제를 다룬다. 이 과정에서 클라이언트는 음악을 통해 감정을 확인하고, 재경험하고, 분출할 수 있다. 또한 오래된 상처들을 직면하고 해결해 갈 수 있는 깊은 탐색이 일어나기도 한다. 심상음악치료[Bonny method GIM(guided imagery and music)], 성악 심리치료(vocal psychotherapy), 분석적 음악치료(analytical music therapy) 등과 같은 음악심리치료들이 이에 해당한다. 이러한 음악치료 방법은 클라이언트의 깊은 내면을 다루기 때문에 반드시 별도의 자격 훈련 과정을 거쳐야 한다.

이러한 모든 과정에는 치료사의 계획에 따라 노래, 가사 토의, 구조적 또는 즉흥적 연주과정, 감상 등의 다양한 음악적 방법들을 목적에 맞게 적용한다.

(2) 심리적 문제를 가진 일반 성인을 위한 음악치료의 적용

정신과 클라이언트를 위한 방법에서 소개한 바와 같이, 심리적인 문제를 가진 클라이언트에게는 보다 분석적이고 깊은 성찰이 필요한 심리적 음악치료의 방법들을 사용한다. 다음에 소개하는 내용은 음악심리치료의 대표적인 방법들이며 이외에도 다양한 치료적 음악을 치료사의 진단평가 및 계획에 의해 사용할 수 있다. 아래의 방법들은 심리적 문제를 가진 일반인들에게 매우 효과적인 방법들이다.

① 심상음악치료

심상음악치료[Bonny method GIM(guided imagery and music, 이하 GIM)]는 1970년대 초반 헬렌 바니(Helen Bonny)가 어린 시절에 정신적인 충격을 받은 청소년을 돕기 위해 만든 음악치료 방법이다. 이는 음악이 중심이 되는 치료방법으로서 감상과 치료사의 가이딩을 통해 의식 상태 이상을 경험하는 것이다. 이 과정에서 클라이언트는 감정을 확인 및 경험하고 내면의 성찰 및 해결의 과정으로 나아가게 된다. 클라이언트의 탐색 주제에 따라 프로그램화된 음악을 사용하며, 주로 클래식을 사용하지만 최근에는 현대음악을 함께 사용하기도 한다. GIM에서는 보다 깊은 내면을 의식 이상의 상태에서 살펴보는 과정이기 때문에 현실과 상징을 구분할 수 있는 클라이언트에게 사용해야 한다. GIM은 대개 불안, 우울, 과거의 상처, 대인관계, 종교, 내면 성찰 등의 목적을 위해 사용한다. 이 방법은 인간의 깊은 무의식이나 무거운 주제를 다루기 때문에 음악에 대한 이해, 분석심리학 등의 심리이론, 다양한 상담기술 등에 대한 이해를 필요로 한다. 따라서 GIM 치료사가 되기 위해서는 반드시 별도의 훈련과정을 거쳐야 한다. 현재 한국에는 미국의 GIM음악치료협회인 AMI(association of music imagery)에서 과정을 이수하고 자격인정을 받은 펠로우(fellow, 특별 연구원)들과 치료사를 양성할 수 있는 자격을 가진 프라이머리(primary, 훈련가)들이 훈련 과정을 개설하여 GIM심상음악치료 전문가를 양성하고 있다. 이에 대한 자세한 문의는 GIM한국심상음악치료협회(http://www.gimkorea.or.kr)에서 가능하다.

② 성악심리치료

성악심리치료(vocal psychotherapy)는 뉴욕대의 다이앤 오스틴(Diane Austin) 박사에 의해 개발된 음악심리치료방법으로, 클라이언트의 심리적 이슈를 다루기 위해 목소리를 사용하는 것이다. 목소리는 인간 고유의 특징이자, 정체성이며, 가장 광범위하게 사용되는 악기이기도 하다. 성악심리치료는 융의 분석심리학, 대상관계이론, 외상이론, 상호주관성이론들과 음악치료의 임상적인 적용을 함께한다. 호흡, 토닝, 소리내기, 노래하기, 보컬홀딩, 자유연상 가창 및 성악즉흥연주 등의 다양한 기법을 사용하며, 개인의 변화와 성장에 매우 효과적인 방법이다. 이러한 과정을 통해 우리는 소리로 표현되는 진짜 자기(true self)를 경험하고 찾아가게 된다. 아기는 태내에 있을 때부터 진동과 소리를 인식하고 이는 정서적인 유대감과 심리적 안정과 직결된다는 많은 연구에서 알 수 있듯이 목소리는 그 사람의 정서 및 심리와 매우 근접하게 닿아 있다고 할 수 있다. 자신의 목소리를 찾는다는 것은 곧 자기를 찾는 것과 같다는 오스틴의 말처럼 성악심리치료의 다양한 기법들은 인간 고유의 정체성을 찾고, 자기 안의 상처로부터 자유로워질 수 있도록 도울 수 있다. 성악심리치료사 자격은 오스틴 박사의 훈련 과정을 모두 거친 사람에게 주어지며, 한국에도 이 과정을 이수하고 자격을 갖게 된 치료사들이 늘어 가고 있다. 자세한 훈련 과정은 한국성악심리치료사협회 (Korean society of advanced vocal psychotherapist: KSAVP)에 문의하면 된다.

③ 분석적 음악치료

분석적 음악치료(analytical music therapy: AMT, 이하 AMT)는 영국의 음악치료사 메리 프레슬리(Mary Priestly)에 의해 만들어진 음악심리치료의 방법이다. 메리 프레슬리는 피터 라이트(Peter

Wright), 마저리 와들(Marjorie Wardle)과 음악치료 임상에서의 상호치료 방법을 기반으로 한 AMT 과정을 정립하였다. AMT는 클라이언트의 내면세계의 이해와 성숙을 위해 클라이언트와 치료사가 함께 즉흥연주를 상징적으로 사용하는 것이다. 이러한 과정에서 인간의 무의식적 갈등, 결핍, 상처, 심리적 왜곡들이 음악적 또는 소리의 상징으로 나타나게 되는데, 여기서 치료사는 클라이언트의 전이, 역전이, 방어 등을 살피고 이에 대한 통찰과 반영을 사용한다. AMT의 치료적 단계는 '문제나 주제의 확인 → 즉흥연주에서의 역할 규정 → 음악적 즉흥연주 → 언어화 → 이에 따른 새로운 즉흥연주' 등이 반복되는 절차를 가진다. 물론 치료사의 판단에 따라 수정되기도 하지만 대개는 이러한 과정을 통해 클라이언트가 내면적인 문제를 직면하고 다룰 수 있도록 돕는다. 현재 한국인으로서는 Molley 대학의 교수로 재직 중인 김승아 교수가 AMT 임상자격을 가지고 있으며 국내 AMT 자격 과정도 준비 중에 있다.

④ 기타

위에 소개한 방법 외에도 루이스 몬텔로(Louise Montello)가 개발한 직무 웰니스(per-formance wellness) 음악치료가 있으며, 직무 스트레스에 대한 대표적인 음악치료 방법이라 할 수 있는 장애인은 물론 일반 성인에게 매우 효과적이고 창조적인 접근방법이라 할 수 있는 노도프 로빈스 음악치료, 치료적 노래 부르기 등이 있다.

♬ 성인 음악치료의 과정

(1) 정신과 클라이언트를 위한 음악치료 과정

병원에서의 음악치료는 의사의 진단 후 음악치료가 필요한 경우 시행하게 된다. 음악치료사는 클라이언트의 문제행동과 필요에 따른 음악치료 진단평가를 통해 목적을 설정한다. 그리고 어떤 방법을 사용할 것인지 계획을 세워 행동목표를 세우고 치료과정을 진행한다. 행동의 변화에 초점을 둘 것인지, 심리적인 부분을 다룰 것인지에 따라 치료의 형태가 달라질 수 있다. 세션의 형태로는 집단 또는 개별치료가 있다. 집단음악치료의 경우 폐쇄병동 또는 정신건강센터 등의 환자를 대상으로 하여 사회성 훈련, 정서적 문제, 자아존중감 향상을 중심으로 시행된다. 개별 치료에서는 보다 깊이 있는 접근을 통해 억압된 감정들을 충분히 다룰 수 있도록 돕고, 지속적인 탐색과정을 통해 내면을 강화할 수 있도록 한다.

(2) 일반인을 위한 음악치료 과정

① GIM

이 방법에서는 먼저 클라이언트와 탐색할 주제에 대해 나누는 프리 세션(pre session), 음악과 함께 내면적 경험을 할 수 있도록 돕는 인덕션(induction), 프로그램화된 음악을 듣는 단계(가이드의 중재단계), 만다라 등을 그리고 세션에서의 경험을 나누고 통찰할 수 있는 포스트 세션(post session)으로 이루어진다. 집단 GIM

은 집단이 공통적으로 가지는 주제에 따라 너무 길지 않은 시간 동안 가이드의 중간 중재 없이 음악을 듣고 이에 대해 만다라를 그리거나 토의하는 과정을 거친다. 개별 GIM은 대개 누워서 시행하며 음악을 듣는 단계에서 치료사의 언어적·신체적·음악적 중재를 포함한다.

② 성악심리치료와 분석적 음악치료

이 방법에서는 클라이언트에 따라 적용되는 기법이 다르며 다양한 방법을 사용하여 심리적인 문제를 직면하고 해결할 수 있도록 돕는다. 성악심리치료의 경우 호흡, 토닝, 소리내기, 노래하기, 보컬홀딩, 자유연상 가창 및 성악즉흥연주를 클라이언트의 심리적 문제에 따라 치료사의 판단 아래 적용한다. 분석적 음악치료의 경우에는 언어화, 즉흥연주, 자유연상 즉흥연주 등을 사용한다.

③ 기타

최근에는 직장 내에서의 심리지원 프로그램, 기업연수, 스트레스 관리를 위한 일반인 대상 음악치료가 확대되고 있으며, 각 기관의 음악치료사들이 클라이언트의 필요에 따라 상담과 음악치료를 병행한다. 여기에는 행동적 음악치료의 기법과 심리적 기법들, 비음악적 요소들이 함께 사용되기도 한다.

♬ 성인 음악치료에서의 고려사항

성인 음악치료에서는 첫째, 깊이 있는 내면의 문제를 다룰 때는 클라이언트가 문제에 직면할 준비가 되었는지를 반드시 살피는 것이 중요하다. 또한 클라이언트가 치료에 대한 의지가 있는지를 확인하는 것도 필요하다.

둘째, GIM의 경우에는 현실과 상징의 구분이 가능한 클라이언트에게 사용해야 한다. 신경증이 너무 심하거나 정신분열이 있는 클라이언트에게는 삼가야 한다.

셋째, 성인 클라이언트의 심리적 문제를 다루면서 알게 되는 클라이언트 개인의 이야기는 반드시 비밀을 보장해야 하며 치료사로서의 윤리를 지켜야 한다.

넷째, 성인의 경우 클라이언트 자신뿐만 아니라 가족이나 사회적 요인을 함께 고려하여 적용할 수 있도록 한다. 문제가 있을 경우에는 반드시 의료진, 전문가 또는 가족에게 알려야 한다.

다섯째, 전문적인 지식 없이 심리적인 문제를 깊이 다루지 않도록 한다.

마지막으로 치료사 본인의 심리적인 성찰이 꾸준히 요구되며 치료 과정의 전이, 역전이의 문제에 대해 분석하고 다룰 수 있도록 노력해야 한다.

4. 노인과 함께하는 음악치료

♪ 노인 음악치료의 이해

점점 증가하는 노인 인구를 사회에서 어떻게 수용할 것이며, 이들에게 긍정적인 사회활동을 제공함과 더불어 이들의 문제점을 어떻게 해결할 것인지에 대한 관심이 요청된다. 통계청(2013)에 따르면, 우리나라는 2000년에 65세 이상 인구가 총 인구의 7.2%에 이르러 '고령화 사회'에 들어섰고, 2013년 현재 고령자는 전체 인구의 12.2%로 매년 증가하는 추세이며, 향후 2017년에는 '고령 사회'에 진입할 것으로 전망된다. 여기서 고령화 사회(aging society)란 전체 인구 중 65세 이상 고령 인구 비율이 7% 이상~14% 미만인 사회를 말하며, 고령 사회(aged society)는 전체 인구 중 65세 이상 고령 인구 비율이 14% 이상~20% 미만인 사회를 말한다.

노인 인구가 증가하는 이유는 사람의 수명이 연장되었기 때문이다. 이러한 사실로 미루어 볼 때 앞으로 노인학에 대한 연구는 중요한 과제가 될 것이며, 노인의 수가 증가할수록 이들을 돌보게 될 의료산업, 건강산업에 들어가는 비용 및 이들을 위한 부수인력 역시 증가하게 될 것이다.

노인에 대한 연구가 활발해지면서 노인학의 발전과 함께 노화로 인한 기능 저하에 대한 중재 및 예방차원에서 다양한 프로그램이 개발되고 있다. 노인들을 위한 프로그램은 노화로 인해 얻는 기능의 약화를 방지하고 노인성 질환들을 적극적으로 치료하는 차원에서 개발되고 있는데, 이에 음악은 효과적인 치료 도구로 인정되고 있다.

노인들을 위한 음악치료 활동이나 세션은 노화로 인한 신체적 영역과 기능의 변화에 대한 복원과 유지에 목표를 둔다. 환경에서 계속적으로 음악적 자극을 제공함으로써 노화로 인한 기능 저하에 대한 개입이 이루어진다. 이는 기능 유지 및 보전을 촉진하는 역할을 하며, 더 나아가 삶의 질 향상에 의미를 둔다(Clair, 1996).

노인성 질환을 가지고 있는 많은 노인은 현실적인 역할이 감소되고 본인들을 필요로 하는 영역이 좁아지기 때문에 자기개념이 낮아져 우울증을 겪고, 노화에 따른 상실된 인지력에 대한 불안감을 항상 가지고 있다. 이러한 부분들에 적극적으로 개입하기 위해서는 자극이 풍부한 환경을 제공하는 것이 중요하다. 이러한 의미에서 무의미한 시간을 갖는 것보다 음악을 통해 자극을 제공하면 계속적인 삶의 질을 향상시키는 기회가 될 수 있다(정현주, 2005).

음악은 어렸을 때부터 누구에게나 두루 친숙하므로 쉽게 접근할 수 있다는 장점을 가진다. 좋아하는 음악은 친근한 환경을 만들면서 다른 사람과의 관계를 향상시킨다. 맥클로스키(McClosky, 1985)는 "음악치료는 치료적인 면에서 아주 효과적이다. 왜냐하면 음악은 다른 예술활동과 비교해 볼 때 사회적 측면을 가장 잘 반영하여 우리 사회의 축소된 현장이라 할 수 있으므로 정신질환이나 노화를 겪는 사람에게 안전한 사회 현장을 제공한다"라고 하였다. 음악을 사용하는 음악치료는 그동안 성공적인 임상 결과를 보이면서 노인의 신체재활은 물론 사회심리의 영역에서도 공헌해 오고 있다. 주목할 점은 노인을 위한 음악치료는 단순히 노화기를 맞은 사람부터 노인 치매와 같은 치명적인 질병을 앓고 있는 사람까지 폭넓게 시행되므로 음악치료의 목적 역시 각 개인의 필요에 따라 설정되어야 한다.

노인을 위한 음악치료는 다음의 네 가지 영역에서 적용된다(최병철, 2006).

첫째, 의학적인 질환이 없는 노인이나 그런 사람이 모인 기관에서 음악치료를 적용할 수 있다. 가장 대표적인 경우가 양로원인데, 이곳에서는 같은 나이의 동료와 함께 사회적인 관계를 유지하고 고립되지 않게 살아갈 수 있는 장점이 있으나 개성 또는 개인적인 역할이 소홀해질 수 있으므로 우울증으로 빠져들기도 한다. 이를 위해 자신의 재발견, 창조적인 정신활동 그리고 자긍심의 회복에 중점을 둔 음악치료를 실행할 수 있다.

둘째, 약간의 의학적인 질병으로 말미암아 타인의 도움이 필요할 때가 있지만 그래도 기본적으로 자신을 돌볼 수 있는 능력을 가진 노인에게 음악치료를 적용할 수 있다. 환경에 의해 자신이 조정되는 상황에서 자신의 존재성과 자긍심을 회복하여 자신의 역할을 찾을 수 있도록 음악치료는 자유로운 환경을 제공한다. 이를 자신의 선택에 따라 조정하고 다른 사람과 협동하면서 활동하는 경험을 하게 함으로써 음악치료는 감정을 자유롭게 표현하며, 나아가 자신의 존재성과 자긍심을 회복하는 데 크게 기여한다.

셋째, 노인 치매를 포함한 심각한 노인성 질환 때문에 의학적 · 사회적인 보살핌을 전적으로 필요로 하는 환자를 대상으로 음악치료를 적용할 수 있다. 이들에게 필요한 것은 자신의 삶을 긍정적으로 정리하여 남은 시간 동안 삶의 질을 높이는 것이다. 능동적이고 긍정적인 음악치료 활동은 신체와 정신의 재활을 도와 각종 복합적인 질병을 예방하고 능동적으로 환경에 적응할 수 있도록 도와준다.

마지막으로 치매를 가진 노인과 그의 가족을 위해 음악치료를 적용할 수 있다. 거주보호를 필요로 하는 노인들의 삶의 질과 이들을 돌보는 사람의 질은 지속적으로 떨어지게 마련이다.

♪ 노인 음악치료의 목적

(1) 감각기관 훈련

노인을 위한 재활 프로그램의 주된 목적은 활동을 제공함으로써 환경과의 접촉을 회복하게 하여 사회적 · 신체적 · 심리적 기능을 향상시키는 것이라 할 수 있다.

감각 훈련은 두 단계로 나눠지는데, 첫 번째 단계는 현저히 낮은 기능을 보이는 사람에 대한 훈련이다. 그들의 극히 짧고 제한적인 집중력과 운동기능을 감안하여 간단하고 구체적인 프로그램을 만들어야 한다. 이 활동의 목적으로는 신체 인식, 대 · 소근육 기능의 향상이며, 이 활동은 특별히 시각이나 청각에 장애를 가진 사람에게 효과적이다. 활동은 짧은 시간 동안 진행된다. 두 번째 단계에서는 대상자가 더 오랜 시간 동안 집중할 수 있고 활동에 능동적으로 참여할 수 있도록 하며, 기억력과 운동기능을 증진하고, 타인과 원활한 교류를 가지도록 권유한다. 일단 이 단계에서는 활동을 통해 사회적인 교류를 갖게 하지만 활동의 내용이나 구조는 간단하면서도 확실하게 진행하도록 한다.

음악은 노인들에게 다양한 신체적 반응을 불러일으킨다. 음악을 어떻게 구조화하느냐에 따라 진정(긴장 이완과 차분함을 도모)시키거나, 자극(움직임이나 신체적인 활동을 증진)할 수 있다. 이러한 신체적인 반응은 진정시키는 음악이 침착한 반응을 불러일으키고, 자극하는 음악이 활동적인 반응을 불러일으킨다는 기본적인 전제에서 출발한다.

그리고 진정시키거나 자극하는 음악과 관련된 신체적인 반응은 정서적인 반응과 연결되어 있다. 특정한 정서는 특정한 개인에게 특정한 음악에 의해 시작될 수 있고, 특정한 음악에 대한 개인의 이러한 정서적인 반응은 상대적으로 일관된 모습을 나타낸다. 일단 개인에게 특정한 정서적인 반응이 나타나면, 음악은 부정적인 반응을 긍정적인 반응으로 변화시키는 데도 쓰일 수 있다. 또한 음악은 자유롭지 못하거나 반응이 없는 사람을 자극하는 데 사용되기도 한다.

(2) 현실 인식

현실 인식은 감각 훈련 다음 단계에 올 수 있다. 이것은 시간, 장소, 사람을 포함하여 자신을 둘러싸고 있는 현실적 환경에 대한 내용을 반복적으로 확인시킴으로써 현실 접촉을 유지하는 방법이다. 그 목적은 자신의 환경을 정확하게 인식함으로써 독립적으로 자신을 돌볼 수 있게 하며, 수용된 환경으로 말미암아 오기 쉬운 개성의 상실에서 벗어날 수 있게 하는 것이다.

한 연구에서는 음악을 통한 현실 인식을 시행한 집단과 그렇지 않은 집단을 비교한 결과 8주 만에 집단에 참석한 동료의 이름을 기억하거나 시간과 장소에 대한 인식에서 현저한 차이를 보였다고 한다. 다른 연구에서는 음악을 사용한 현실 인식 훈련을 통해서 생각의 혼란과 현실 감각이 없는 사람이 훨씬 효과적으로 지적인 사고단계를 회복하며, 사회적으로나 감정적으로 환경에 잘 적응하였다는 보고가 있다.

(3) 재동기 유발

재활 프로그램에서 동기 유발은 사고와 언어 교류를 자극하여 사회성을 발달시키는 것이다. 음악은 동기 유발에 아주 효과적인 도구로, 분위기를 조성하여 어떤 특정한 토의 주제를 유도하는 데 적절히 사용될 수 있다. 예를 들어, 일제 강점기 때의 이야기를 주제로 토의하고 싶을 때 당시에 유행하였던 노래를 부름으로써 자연적으로 그 주제에 관해 이야기를 시작할 수 있다.

(4) 음악과 이완

노인들은 끊임없이 다가오는 사회적 스트레스와 육체의 통증, 심리적인 긴장 속에 있다. 따라서 적절한 배경음악을 들려줌으로

써 노인이 처해 있는 환경에서 겪고 있는 긴장과 불안에서 해방
되도록 도울 수 있다. 음악이 생리적으로나 심리적으로 영향력
을 행사할 때 환경적인 스트레스에서 벗어날 수 있으며, 나아가
스트레스에서 주의를 환기시켜 긴장 이완을 가져오게도 한다.

다른 사람과 함께 연주하는 활동은 자신이 처한 고립 상태에
서 벗어나게 해 준다. 주변 사람에게 익숙해지고, 그들이 서로
돕고 격려하는 좋은 관계에 있다는 것을 알게 되면서 노인은 자
신의 환경을 편안하고 안전한 것으로 받아들일 수 있게 된다.

(5) 오락과 취미생활로서의 음악

음악은 접근하기 쉽고 여가를 보내는 데 사용될 수 있으며, 건
강한 사람이나 병에 걸리거나 장애를 가진 사람들이 음악에 능
동적이거나 수동적으로 참여할 수 있게 도와주고, 즐거운 시간
을 보낼 수 있는 기회를 주며, 의미 있고 목적 있는 활동을 통해
삶의 질을 증진시킬 수 있는 시간을 보내는 하나의 방법을 제공
한다. 음악을 통해 많은 사람은 질병, 매일의 스트레스, 심지어
고통이나 불쾌함으로부터 기분 전환을 할 수 있다.

기분 전환이나 오락을 위해 개인들이 사용하는 음악활동으
로 노래 부르기, 악기 연주하기, 음악 감상하기 등이 있고, 춤추
기까지 포함될 수 있다. 음악을 사용하여 여가시간을 보내는 생
산적인 방법 한 가지는, 새로운 음악 기술이나 예전에 가지고 있
던 기술을 다시 배우는 것이다. 악기를 연주할 때는 악기를 쥘
수 있는 능력이 없거나 악기 연주에 심한 제약을 주는 중풍과 같

은 특정한 신체적인 제한을 반드시 고려해야 한다. 개인의 특정
한 결점을 고려하여 계획한 구조를 통해 악기 연주를 성공적으
로 이끌어 낼 수 있다. 매일 20~30분간 하루에 한두 번씩 음악
을 감상하는 것은 별로 힘들이지 않으면서도 유익한 활동이다.
따라서 음악을 효과적으로 사용하기 위해서는 음악을 융통성 있
게 분위기에 맞춰 적절히 사용하여 늘 신선한 마음의 상태로 음
악을 들을 수 있도록 해야 한다.

또한 음악활동은 환자의 상태를 계속적으로 호전시킬 수 있는
활동으로 적합하다. 합창곡을 성역에 맞게 편곡하여 합창 집단
에 참여시키고, 핸드벨 또는 노인에게 맞는 기악 연주에 참여하
게 함으로써 신체적인 기능을 높여 줄 뿐만 아니라 정신심리적
인 면이나 사회심리적인 면에서 지원해 줄 수 있다.

Tip

음악은 시간을 건설적이고 의미 있게 사용할 수 있도
록 돕지만, 다른 활동과 함께 음악을 하루 종일 지속적
으로 사용한다면 오히려 효과를 반감시킬 수 있다. 노
인의 신체적인 제한을 고려해야 하는 악기뿐만 아니라,
특히 바람을 불어 넣어 소리를 내야 하는 악기 같은 경
우, 담당 의료진의 조언을 받는 것이 요구된다.

(6) 회고

지나간 삶의 사건과 경험을 되돌아보는 것은 때로 우울증에 빠지게 하지만 도움이 되기도 한다. 회고를 통해 자신의 긍정적인 모습과 자신에 대한 자부심을 발견할 수 있으며, 사회성을 높이고 대인관계를 향상시킬 수 있다.

연상은 시간, 장소, 사람과 관련해서 일어날 수 있으며, 감정, 시각적 이미지, 미각, 후각, 촉각, 체온 등의 지각을 포함한 감각 정보 또는 편안함이나 불편함을 불러일으킬 수도 있고, 직접적으로 혹은 간접적으로 일어날 수도 있다. 강한 연상작용을 가졌기 때문에 음악은 노인들의 기억을 자극하거나 삶을 회고하는 데 사용되고, 모든 세대의 사람들에게도 같은 목적으로 사용될 수 있다. 음악은 과거의 이야기를 이끌어 낼 수 있고, 신체적·정신적인 장애 때문에 언어적으로 반응을 할 수 없는 사람이라도 간혹 장애 이전에 삶의 한 부분이었던 노래를 부를 수도 있다. 또한 음악은 누구나 어릴 때부터 친숙하게 접할 수 있는 것이므로 노인이 자신의 젊은 시절에 즐겨 불렀던 노래를 부르거나 들으면 그 시절로 되돌아가는 듯한 느낌을 가질 수 있다.

음악이 들리는 상황은 하나일지라도, 음악을 들을 때 개인마다 다른 기억을 불러일으킬 수 있다. 한 사람에게 웃음과 행복을 일으키는 음악이 또 다른 사람에게는 눈물과 슬픔을 유발할 수도 있다. 사람들은 음악에 대한 선호도를 가지고 있기 때문에 특정 음악에 대한 개인의 반응은 유용한 정보가 될 수 있다. 음악의 취향은 각 개인의 문화와 하위문화, 배경에 따라 다르므로 대개의 경우 개인이 좋아하는 음악을 사용하는 것이 가장 효과적이다.

(7) 감정표현의 기회 제공

음악은 비언어적으로 의사소통을 가능케 한다. 특히 신체적인 제한을 가진 사람들이나 언어로 의사소통을 할 수 없는 사람들에게 음악은 감정의 배출구 역할을 함으로써 도움을 준다. 음악은 분노와 좌절에서 애정과 친절에 이르기까지 폭넓은 감정을 밖으로 표현하는 데 사용된다. 타악기 연주를 하는 치료 세션에서 매우 세게 드럼을 친다거나, 연주 중에 이맛살을 찌푸리고, 얼굴근육이 경직된 채로 입술을 오므리고, 입을 꽉 다문 상태로 연주에 참여하는 모습 등이 그 예다. 즉, 활동 중에 나타난 눈에 띄는 행동들은 강한 감정의 표현을 말해 주는 것이다. 음악을 통한 표현들은 가사가 있거나 가사가 없는 발성, 악기 연주, 신체 움직임, 표정 등과 같은 형태로 행해진다.

(8) 의사소통 및 사회적 통합 촉진

의사소통은 멜로디 속의 가사를 통해 언어적으로 일어날 수도 있고 한 가지 혹은 여러 가지 음악적 요소들을 통해 비언어적으로 일어날 수도 있다. 리듬, 멜로디, 친숙한 노래 구조는 노인의 잔존 능력을 자극하여 목소리로 반응할 수 있도록 도울 수 있으며, 다른 사람들과 함께 적어도 몇 단계의 음악활동에 참여할 수 있다. 음악은 다른 사람들과 함께 의미 있는 상호작용을 할 수 있게 해 주며, 사회적으로 통합될 수 있는 기회를 제공하여 잠시

동안이라도 노인들로 하여금 퇴행성 질환으로 인한 고립으로부터 벗어날 수 있게 해 준다.

　모든 사람은 공동의 목적을 공유하며 공동체 집단에 속하고 일원이 되기를 원한다. 그러나 사람들은 이런 관계가 필요해도 그런 관계를 스스로 만들어 가는 능력을 가지고 있지 못할 수도 있다. 사회적 기술이 부족하고, 다른 사람의 마음을 끌어당기는 성격을 소유하지 못할 수도 있으며, 신체의 나약함이나 질병 때문에 신체적으로 제한되고, 치매와 관련된 인지적인 손상을 가지고 있을 수도 있으며, 의미 있는 상호작용을 불가능하게 만드는 다른 결함들을 가지고 있을 수도 있다. 스스로 정상이라고 생각하는 사람들은 전혀 기능할 수 없는 사람들과 어떻게 관계를 맺어야 하는지 알지 못할 수도 있고, 그들과 직면할 때 불쾌한 행동을 할 수도 있다. 결과적으로 신체적·정서적 제한을 가진 사람들은 방치되고 더욱 더 고립되게 된다. 이것은 질병이나 상해 때문에 기능을 잃어버린 개인뿐만 아니라 그 개인의 배우자나 가족에게도 일어난다.

　음악치료는 음악을 즐기고 음악과 함께 그들의 경험을 점차적으로 공유할 수 있게 하기 때문에 사람들이 서로 다가갈 수 있게 해 주는 중재방법의 하나가 될 수 있다. 사람들은 특히 친숙한 음악을 들을 때 편안함을 느끼고, 음악이 제공하는 예견된 구조 안에서 안전함을 느낄 수 있다. 또한 음악은 관계라는 토대 위에서 공동의 경험을 가질 기회를 제공한다. 음악을 연주하거나 들으면서 불편할 수도 있는 개인적인 화제에 대해 이야기할 수 있을 뿐만 아니라 함께 음악활동에 참여함으로써 다른 사람의 경험을 공유할 수도 있다.

♬ 노인 음악치료의 방법

인증된 음악치료사들은 치료 프로그램을 계획할 때, '치료로서의 음악'과 '치료에서의 음악' 두 가지를 모두 고려한다. 치료로서의 음악은 음악 그 자체가 중재가 되는 것이다. 뇌졸중 환자와 불균형적인 보행을 보이는 환자의 신체재활에서 강한 박자를 가진 음악에 맞춰 보행할 때 보다 균형적인 걸음을 체득할 수 있다. 더 이상 이야기를 나눌 수 없는 알츠하이머나 치매환자들은 타악기를 이용해 리듬을 연주하면서 비언어적으로 다른 사람과 상호작용할 수 있고, 음악에 맞춰 파트너와 함께 손을 마주 잡고 춤을 출 수도 있다. 치료에서의 음악에서도 음악이 가지고 있는 본래의 특징들을 통해 치료 결과를 촉진시킬 수 있다. 음악은 치료적 중재를 강화시키기도 하지만 다른 중재가 똑같은 치료 결과를 이끌어 낼 수도 있는데, 이런 경우에는 음악을 매개체로 선택할 수도 있고, 선택하지 않을 수도 있다(Clair & Memmott, 2009).

기분 전환이나 오락을 위한 음악활동으로 노래 부르기, 악기 연주하기, 음악 감상하기 등이 있고, 춤추기까지 포함될 수도 있다. 매일 노래를 부르는 시간을 따로 떼어 놓는 것은 시간을 보낼 수 있는 즐거운 방법을 제공할 뿐만 아니라 신체적인 자극,

깊은 호흡과 신체적인 노력에 수반되는 긴장 이완 그리고 감정
과 기분을 성악적으로 표현하는 기회 등을 제공한다. 노래 부르
기는 음악의 역사, 종류, 형태를 공부할 때 특별히 인지적인 자
극을 포함할 수도 있다. 단순히 친숙하고 좋아하는 노래를 부르
는 것만으로도 삶을 의미 있게 만들고 생산적인 경험을 할 수 있
게 한다.

　다양한 악기로 음악을 연주하는 것은 재미있게 시간을 보낼
수 있는 기회를 제공한다. 악기를 연주하는 것은 사람들이 감정
을 표현하고 반영할 수 있게 도와주며, 만족스러운 경험을 제공
할 수 있다. 음악을 연주하기 위해서는 신체 자극이 꼭 필요하며
주의, 관심, 일반적인 인지 기능을 유지하도록 도와주는 인지적
인 자극 또한 필요하다. 타악기를 사용하여 악기를 연주하는 것
은 단순히 리드미컬한 박자를 유지하는 것만으로도 성공적이라
고 할 수 있으며, 인지적인 손상이 심한 사람들도 쉽게 참여할
수 있다.

　춤추기는 신체적인 반응을 자극하고 심장 박동수, 호흡, 혈압
을 증가시킨다. 춤을 추는 사람들은 춤이 기분을 더 좋게 해 주
고, 그들의 고통과 아픔을 잊을 수 있게 도움을 준다고 말한다.

♬ 노인 음악치료의 과정

　노인을 대상으로 한 음악치료는 일반적인 음악치료 과정으로
진행된다. 치료 대상의 문제 및 진단평가를 통해 그 문제를 해결

하고 필요를 충족시키기 위한 목적을 설정한다. 그렇게 설정된 목적을 달성하기 위해 치료사는 음악활동을 계획하고, 이 치료 활동을 적용하면서 대상의 반응을 평가하는 단계를 거치게 된다.

　노인 대상의 음악치료는 기관의 특성에 따라 대집단 형태와 개별 및 소집단 형태로 이루어진다. 노인 전문 병원의 경우를 살펴보면, 병동에서 주 1회～월 1회 각 15～30명 규모의 대집단 음악치료를 진행하고, 보다 집중적인 치료가 필요한 대상은 주 1～2회의 개별 및 소집단 음악치료를 진행하게 된다. 병동에서 진행되는 대집단 음악치료는 병원 생활에 활력과 즐거움을 제공하고 정서를 향상시켜 사회화 과정으로 확산시킬 수 있는 효과를 가져올 수 있다. 좀 더 세부적으로는 병동 환자의 특성에 맞춰 치료 목적을 설정하게 된다. 치매병동은 집중력 및 기억력 향상을 목적으로 하며, 노인병동은 자존감 향상, 재활병동은 신체기능 향상, 호스피스병동은 긴장 이완, 정서적 지원, 영적 돌봄 등을 목적으로 치료가 진행된다. 개별 및 소집단 치료는 환자의 상태와 필요에 따라 치료 목적이 정해지게 된다. 주로, 치매환자는 기억력, 집중력, 수행능력, 전두엽기능 등의 인지기능 향상, 혹은 초조, 불안, 우울, 배회, 공격성, 무의욕 등의 행동심리 증상 완화, 파킨슨환자는 발성능력 향상, 뇌졸중으로 인해 실어증이 발생된 환자는 언어기술 향상에 초점을 두고 치료를 진행하게 된다.

♫ 노인 음악치료에서의 고려사항

음악치료 접근에 있어 중요한 것은 노화로 인한 기능 저하의 개인차가 크기 때문에 클라이언트의 기능을 파악하고 이에 맞게 음악활동을 구성해야 한다는 점이다.

따라서 노인들을 위한 음악치료 세션에 필요한 작업은 체계적으로 구조화되어야 한다. 단일 과제에서 복합 과제로 진행하며, 대상의 기능을 충분히 고려해서 활동의 난이도를 결정한다. 예를 들어, 악기 연주와 함께 노래를 부르는 것도 처음엔 부담스러운 작업일 수 있으므로 연주되는 리듬을 충분히 익힌 뒤 노래하도록 유도하는 것이 중요하다. 음악적 작업을 통해 계속적으로 부호화되는 기능을 촉진시켜 주어야 한다. 또한 연주나 감상에 있어 어떠한 선율 패턴이나 리듬 패턴을 제시하였을 때 주어진 패턴에 대한 구조를 인지하고 이를 기억함으로써 치료사가 '큐'를 주었을 때 입력된 음악적 정보를 연주할 수 있게 활동을 구성해야 한다. 그러므로 활동은 극히 단계적으로 나누어져야 하며, 음악적 작업의 양과 내용 역시 체계적으로 나열해야 한다.

성공적인 음악치료를 계획하기 위해서는 클라이언트 개인의 기술이나 능력에 대하여 어느 정도의 지식을 가지는 것이 필요한데, 이것은 치료 기간에 초기 진단평가와 지속적인 평가를 통해 얻어진다. 또한 물리치료사, 언어치료사, 작업치료사, 의사와 같은 다른 분야에 있는 전문가들로부터 수집된 정보를 통합한 음악치료 사정 결과를 바탕으로 각각의 개인을 위한 목적 중심의 프로그램을 발전시킬 수 있다. 이러한 과정에서 클라이언트 각각의 일상생활 수행능력(activities of daily living: ADL), 치료 결과에 대한 클라이언트의 요구, 부양가족이 바라는 점들을 고려해야 한다.

제2부

음악치료사 이야기

음악을 사랑하고, 타인을 도와주는 일에 관심이 많은 민이는
이제 음악치료가 어떤 영역인지 잘 알게 되었고, 음악치료사
에 대한 꿈을 갖게 되었다. 그런데 음악치료사가 되기 위해 먼
저 어떤 공부를 시작해야 하는지, 어떤 전공을 선택해야 하는
지 알 수 없었다. 그래서 민이는 음악치료사가 되는 길은 무엇
이 있는지 찾아보기로 했다. 그리고 음악치료사들을 찾아가 그
들의 이야기를 듣게 되었다.

* 3장 음악치료사가 되는 길의 '학사 · 석사 과정'은 2014년 9월 30일 기준으로
  서술되었다.

음악치료사가 되는 길

음악치료가 전문적인 치료 영역으로 국내에 소개되기 이전부터 정신과와 특수교육 분야에서는 이미 음악을 자신의 치료 분야에서 효과적으로 사용하고 있었다. 하지만 좀 더 전문적인 음악 적용에 대한 필요가 대두되면서 국내에서도 점점 전문 음악치료사에 대한 관심이 증대되었다. 이러한 분위기에 따라 한국에서는 1997년 숙명여대와 이화여대를 시작으로 전문 음악치료사를 양성하기 위한 석사학위 과정이 개설되었다. 이후 2014년 현재, 음악치료는 총 5개 대학의 박사과정, 19개 대학의 석사과정, 4개 대학의 학사과정이 개설되어 있고, 기타 관련 교육기관이 생겨나게 되었다. 이외에도 점점 더 많은 대학에서 음악치료사를 양성하기 위한 학위과정이 개설되고 있다.

음악치료사를 양성하기 위한 교육과정을 살펴보면 학교별로 특징적인 면은 있지만 공통적으로 임상기술과 음악치료 관련 이론 및 연구로 크게 나눌 수 있다. 먼저, 임상기술에서는 자폐, 기분장애, 치매 등 치료 현장에서 만날 수 있는 각 대상자들의 특징, 대상자별 음악 적용, 기타 효과적인 상호작용 방법 등을 배움으로써 치료적 목적을 달성해 나가는 과정과 접근법을 습득하게 된다. 음악치료 관련 이론 및 연구에서는 음악이 인간에게 미칠 수 있는 인지적·생리적·심리적인 효과에 대한 이론과 이를 입증하기 위한 연구를 수행할 수 있는 능력을 습득하게 된다. 그리고 인턴십 과정을 통해 실제 현장에서의 실무 수행 과정도 포함된다.

한국에서 음악치료사가 되기 위한 몇 가지 방법이 있다. 먼저, 학부에서 학사학위를 받거나 대학원에 입학하여 석사학위를 받는 방법이 있고, 다양한 교육기관에서 제공되는 교육과정을 통해 학회나 협회로부터 자격을 인정받는 방법이 있다. 하지만 정규 과정이 아닌 경우도 많아 세심한 선택이 필요하다. 이 장에서는 음악치료사가 될 수 있는 전문적인 과정에 대해 소개하고자 한다.

1. 대학 학사과정

음악치료전공은 현재 4개교에서 학사과정이 개설되어 있으며, 학교별 교과목, 입학 정보, 특징 등에 대해 소개하고자 한다 (가나다 순).

♬ 대구예술대학교(대구)

대구예술대학교 음악치료전공은 학부과정에 개설되어 있으

며, 미술, 음악, 문학, 심리 등 예술치료를 통합한 예술치료사의 양성을 목표로 한다. 예술치료학과가 제공하는 특별한 프로그램에 따라 예술치료사(음악치료사, 미술치료사) 자격증을 취득할 수 있도록 돕고 있으며, 다양한 협력업체를 통하여 학부 과정에서 배운 임상기술을 실제로 훈련해 볼 수 있는 장을 학생들에게마련해 주고 있다.

(1) 교과목

유·아동 미술치료, 특수아동 미술치료, 청소년 미술치료, 가족 미술치료, 집단 미술치료, 유·아동 음악치료, 장애아동 음악치료, 노인 음악치료, 아동·청소년 문학치료, 청소년 심리학, 발달심리학, 부모교육, 미술치료기법 I·II, 미술매체연구, 만다라 미술치료, 피아노 반주법 I·II, 피아노 반주법, 기타 연주법, 즉흥연주기술, 예술치료를 위한 특수 악기 연주법 I·II, 사이코드라마, 심리검사기법, 비행 및 부적응 상담/치료, 예술치료 인턴십, 예술치료 세미나, 예술치료 방법론, 문헌조사 및 논문 작성법, 임상사례 연구 및 발표, 졸업논문 연구, 미술치료개론, 음악치료개론, 음악심리학, 이야기 치료, 상담의 이론과 실제

(2) 입학정보
• 원서접수
　– 수시: 4월 초, 9월 초
　– 정시: 7월 말, 12월 말

- 전형일
  - 수시: 5월 초, 10월 초
  - 정시: 8월 초, 1월 초
- 전형방법: 학생부, 면접

(3) 특징

미술, 음악, 문학, 심리 등 예술치료를 통합한 예술치료사 양성을 목표로 한다.

♫ 부산예술대학교(부산)

부산예술대학교 음악치료전공은 복지예술치료학과에 개설되어 있다. 예술매체의 통합을 통한 심층감각 및 지각통합과 통합치유를 위한 전문적인 예술치료사를 배양, 육성하는 데 그 목표를 두고 있으며, 전문학사학위를 수여받게 된다. 산학협력을 통하여 외부 기관과의 긴밀한 유대강화로 임상실습을 할 수 있는 장을 마련해 주며, 취업에 필요한 교육과정으로 편성되어 있다.

(1) 교과목

상담심리학, 성인 및 노인 예술치료, 상담기법, 정신병리와 치료, 도형상담, 원예치료, 심리 측정 및 평가, 예술치료 임상실습, 장애인 심리치료, 음악치료, 예술치료, 매체 연구 및 실습, 색채론과 색채치료, 언어치료, 독서치료, 모래놀이치료

(2) 입학정보

- 원서접수
  - 수시: 1월, 6월
  - 정시: 12월 중순
- 전형일
  - 수시: 1월 말, 7월
  - 정시: 12월 말
- 전형방법: 서류

(3) 특징

전문학사학위를 취득한다.

♬ 전주대학교(전주)

전주대학교 음악치료전공은 2007년에 학부과정으로서는 최초로 개설되었다. 의과학대학 내에 예술치료학과로 개설되어 있으며, 예술치료 분야의 전문성을 갖춘 인재 양성을 목표로 하고 있다. 학생들은 2학년 2학기까지 음악치료를 포함한 예술치료의 전반적인 개론을 습득한 후, 본인이 원하는 전공을 선택하여 3학년부터 자신의 전공분야(음악치료, 미술치료)를 심화하여 습득하게 된다. 한편, 3학년 1학기 때 학·석사 연계과정을 신청할 수 있고 면접을 통해 선별된다.

(1) 교과목

진로탐색, 일반물리학, 일반생물학, 음악치료개론, 발달심리학, 예술치료 표현기법 1 · 2, 미술치료개론, 이상심리학, 예술치료 표현기법(기타, 건반, 평면, 입체), 성인/노인을 위한 미술치료, 음악치료 심리진단과 평가, 미술치료 심리진단과 평가, 성인/노인을 위한 음악치료, 음악치료 임상기법, 미술치료 임상기법, 아동미술, 아동음악과 동작, 예술치료 표현기법(기타응용, 매체탐구, 건반응용), 집단예술치료 I · II, 예술치료 임상실습과 슈퍼비전 1 · 2, 예술치료 사례연구, 임상즉흥연주기법, 상담심리학, 예술치료 연구방법 I, 예술치료 인턴십과 슈퍼비전 I · II, 예술치료 연구방법, 예술치료 세미나 1 · 2, 논문

(2) 입학정보

- 원서접수
  - 수시: 4월 초, 9월 초
  - 정시: 7월 말, 12월 말
- 전형일
  - 수시: 5월 초, 10월 초
  - 정시: 8월 초, 1월 초
- 전형방법: 서류, 면접

(3) 특징

학 · 석사 연계과정은 5학기, 7학기에 개설되는 석사과목을 이

수를 하게 되면서, 이후의 석사과정은 1년 안에 마치게 된다. 즉, 학·석사 연계과정의 경우 5년 안에 학사와 석사학위를 취득할 수 있는 제도다.

♪ 침례신학대학교(대전)

침례신학대학교는 2013년 3월 교회음악과에 음악치료전공이 개설되었다. 음악이라는 매개체를 통해 크리스천의 영적 역량을 성장시키고 인재 배출을 위한 교육과정이 편성되었다. 입학은 서류 70%, 면접 30%로 선발하게 된다. 교과목으로는 크게 신학 및 교양필수 총 40학점, 전공필수과목(교회음악 및 음악치료) 72학점으로 구성되어 있다. 음악치료전공필수 과목은 아래와 같다.

(1) 교과목

가창법 1·2, 즉흥연주법, 클래스 피아노 1·2·3·4, 클래스 기타 1·2·3·4, 성격심리, 심리학개론, 발달심리학, 상담이론과 실제, 심리검사와 평가, 정신건강론, 음악치료학개론, 음악치료 윤리와 철학, 음악치료기술, 아동음악치료, 성인음악치료, 노인 음악치료, 신경학적 음악치료, 음악치료 진단과 평가, 그룹음악치료 세미나, 음악치료 임상기법과 실습 1·2·3·4

(2) 입학정보

• 원서접수

    – 수시: 4월 초, 9월 초

    – 정시: 7월 말, 12월 말

- 전형일

    – 수시: 5월 초, 10월 초

    – 정시: 8월 초, 1월 초

- 전형방법: 서류, 면접

(3) 특징

기독교적 세계관 속에서 음악치료를 배운다.

2. 대학원 석사(박사)과정

음악치료전공은 현재 19개교에서 석사과정이, 5개교에서 박사과정이 개설되어 있으며 학교별 교과목, 입학정보, 특징 등에 대해 소개하고자 한다(가나다 순).

♫ 가천대학교(경기 성남)

가천대학교는 2012년 3월 특수치료대학원에 5학기 과정으로 음악치료전공이 개설되었다. 가천대학교 음악치료전공은 전문박사학위를 가진 교수진과 유명 의료보건기관의 임상전문가로부터의 강의와 실습이 이루어진다. 또한 학생들은 특수치료대학원 내 타 전공 학과목(심리치료, 언어치료, 미술치료, 임상영역, 무용치료)을 제한 없이 수강할 수 있고, 공통 교과목을 선택하여 수강할 수 있다.

(1) 교과목

정신의학, 심리학개론, 연구방법론, 통계학, 상담 및 심리치료이론, 심리검사 이론 및 실습, 성격이론과 사례 분석, 전 생애 발달이론의 적용, 분석심리학, 보건복지개론, 아동·청소년 음악치료, 성인 음악치료, 노인 음악치료, 즉흥연주, 음악치료와 가족, 음악치료 기법과 철학, 음악심리학, 음악치료 세미나, 그룹음악치료, 음악치료 진단과 평가, 음악치료의 기법과 모델, 신경재활 음악치료, 임상실습 I · II

(2) 입학정보

- 석사과정(5학기제)
- 원서접수: 5월 중순, 11월 중순
- 전형일: 6월 초, 12월 초
- 전형방법: 서류, 면접, 실기시험[기타 또는 키보드 중 반주하며 노래하기(자유곡)]

(3) 특징

특수치료대학원 소속으로 음악치료에 필요한 심리학, 음악치료 철학과 기초 이론은 물론, 임상에 필요한 치료기술 교육과 실습

(1,000시간)을 실시하여 이론과 실제를 충분히 경험하도록 한다.

심리치료, 언어치료 등 음악치료와 밀접한 관련이 있는 다른 학과들과 공통과목을 개설하여, 포괄적이고 다각적인 사고력을 키우도록 지원한다.

♫ 계명대학교(대구)

계명대학교는 2012년에 일반대학원 예술치료학과에 음악치료전공이 개설되었다. 예술치료학과로서 음악치료뿐만 아니라 미술치료, 동작치료 등 다양한 예술치료를 함께 공부하도록 되어 있다.

(1) 교과목

음악치료학개론, 즉흥음악치료, 음악치료연구 1 · 2, 예술치료개론, 예술치료 임상기법, 정신분석학개론, 예술치료 기술교육, 예술심리학, 정신병리학, 이상심리학, 음악치료기법, 신경과학개론, 집단심리치료, 임상심리학, 인지행동치료의 이론과 실제, 특수예술치료, 성인 및 노인의 예술치료, 예술치료 분석과 통계, 최신 예술치료 동향 분석, 임상실습슈퍼비전 1 · 2, 예술치료 인턴십, 연구방법론, 발달심리학, 가족상담, 감성공학론, 논문세미나, 인지행동치료, 특수교육과 예술치료, 아동 및 청소년 예술치료, 즉흥표현예술치료, 예술치료와 경영

(2) 입학정보

- 석사과정(4학기제)
- 원서접수: 5월, 11월 중순
- 전형일: 6월, 12월 초
- 전형방법: 서류, 면접

(3) 특징

다양한 예술치료 기법을 함께 배울 수 있다.

♬ 고신대학교(부산)

고신대학교는 2007년 교회음악대학원에 음악치료전공이 개설되어 있다. 5학기제이며 야간이다. 입학전형은 면접과 학부성적으로 이루어지며, 기독교인만 입학이 가능하다. 고신대학교는 기독교인 음악치료사를 양성하는 것이 목적이며, 찬양과 성경말씀을 치료에 적용할 수 있는 음악치료사를 양성한다.

(1) 교과목

특수아동심리학, 음악치료기술, 장애아동 음악치료, 음악심리학, 음악치료실습 1 · 2 · 3, 즉흥연주, 치유음악목회, 통계학, 논문, 인턴십, 음악치료연구법, 신경재활, 정신의학, 치료실습, 음악심리치료, 음악치료철학, 음악과 인간행동

(2) 입학정보

- 석사과정(5학기제)
- 원서접수: 5월, 11월 중순
- 전형일: 6월, 12월 초
- 전형방법: 서류, 면접

(3) 특징

- 기독교인만 입학이 가능하다.
- 요리를 이용한 음악치료인 '뮤직쿡' 과정이 개설되어 있고, 자격증을 취득할 수 있다.

♬ 대구한의대학교(대구)

대구한의대학교는 2007년 보건대학원 예술언어치료학과에 음악치료전공이 개설되어 있으며, 야간이다. 4학기제로 운영되고 있으며, 생애 전반에 걸친 음악치료를 담당하고자 하는 음악치료사를 양성하는 데 그 목적이 있다. 중등특수교육학과의 학부과정과 연계된 특수아동을 대상으로 하는 음악치료 내용이 포함되어 있으며 학교 내 한방병원과 연계된 음악치료 프로그램의 적용 및 지도가 가능하다.

(1) 교과목

음악치료학개론, 음악치료기술, 음악치료연구, 음악심리학,

음악치료합주, 음악치료실습, 음악치료 즉흥연주, 노인 음악치료, 특수아동 음악치료, 음악치료실기

(2) 입학정보

- 석사과정(4학기제)
- 원서접수: 5월, 11월 중순
- 전형일: 6월, 12월 초
- 전형방법: 서류, 면접

(3) 특징

- 중등 특수교육학과의 학부과정과 연계된 음악치료 내용이 포함되어 있다.
- 학교 내 한방병원과 연계되어 있다.

♬ 대전대학교(대전)

대전대학교는 보건의료대학원의 예술치료학과에 소속되어 있으며, 4학기제로 야간이다.

(1) 교과목

보건통계학, 음악심리학, 음악치료학개론, 음악치료 임상실습, 인간행동과 음악, 즉흥음악치료, 집단음악치료, 정신병리와 음악치료, 장애종별 음악치료, 음악심리 측정 및 진단평가, 소리

치료론, 성격심리와 음악치료, 특수아심리학, 음악치료와 이상
심리학, 음악치료와 심층심리학, 오르프 음악치료, 음악치료 사
례연구, 게슈탈트 음악치료, 드라마치료, 동작 관찰 및 분석과
임상적 적용, 음악치료 임상분석, 기타연주 1 · 2, 음악상담심리,
명상 음악치료, 연구방법론, 한방 음악치료, 전통 심리치료와 음
악치료, 미술치료개론, 통합예술치료, 무용동작치료개론

(2) 입학정보
- 석사과정(4학기제, 야간)
- 원서접수: 5월 초, 11월 초
- 전형일: 5월 말, 11월 말
- 전형방법: 서류, 면접

(3) 특징
- 상담심리의 중요 분야로 부각되고 있는 예술매체를 활용하
  여 숙지하고 각 치료 방법들 간의 접목 및 혼합 운영 능력을
  배양하여 유능한 예술치료사의 배출을 목적으로 한다.
- 예술치료학과 안에 세부 전공으로 미술치료, 음악치료, 무용
  치료가 있어 각 전공들 간의 유기적인 학습체계를 중요시한다.

♬ 동의대학교(부산)

동의대학교는 산업문화대학원 예술치료학과에 음악치료전공

이 개설되어 있으며, 4학기제다. 입학전형은 면접과 실기시험 (자유곡 1곡)으로 이루어지며, 자기소개서 및 면학계획서를 제출 해야 한다.

(1) 교과목

예술심리학, 이상심리학, 상담심리학, 음악치료학개론, 발달 심리학, 음악심리학, 음악치료개론, 임상연주기술, 아동 음악치 료이론 및 실습, 성인 음악치료이론 및 실습, 고급 임상 즉흥연 주, 음악치료철학, 음악심리치료, 음악치료 인턴십, 음악과 인간 행동, 음악치료 세미나

(2) 입학정보

- 석사과정(4학기제)
- 원서접수: 5월, 11월 중순
- 전형일: 6월, 12월 초
- 전형방법: 서류, 면접

(3) 특징

4학기제다.

♬ 명지대학교(서울)

명지대학교 음악치료학과는 1998년 9월 사회교육대학원에 속

하여 음악치료학과 5학기제 야간 석사과정으로 구성되어 있다. 입학전형은 매년 6월과 12월에 서류심사, 구술면접과 실기시험을 통해 이루어진다.

(1) 교과목

음악치료학개론, 음악치료기술, 음악치료철학, 음악과 인간행동, 장애아동을 위한 음악치료, 신경재활과 음악치료, 음악치료 임상실습 1·2·3, 인턴십, 노인을 위한 음악치료, 즉흥연주, 음악치료 기법과 모델, 음악심리학, 음악심리치료, 그룹 즉흥연주, 음악치료 세미나, 기초 통계학, 연구방법론

(2) 입학정보

- 석사과정(5학기제)
- 원서접수: 5월 중순, 11월 중순
- 전형일: 6월, 12월 초
- 전형방법: 서류심사, 구술면접, 실기시험, 청음(지정곡 및 자유곡을 기타 혹은 피아노 반주하며 노래하기)

(3) 특징

명지학원의 '기독교 정신에 입각한 사랑, 진리, 봉사'라는 이념 목표를 기본으로 한다. 온유한 인격을 겸비한 음악치료사를 양성하고, 음악치료이론 및 관련 학문의 이해와 전문적인 임상경험을 통해 자격을 갖춘 전문 음악치료사를 훈련하고, 국내외의

음악치료 환경을 이끌어 갈 자질 있는 음악치료사를 배출하기 위한 교육을 목표로 한다.

♬ 성신여자대학교(서울)

성신여자대학교는 2006년에 일반대학원 협동과정으로 음악치료학과가 개설되었다. 성신여자대학교 음악치료학과는 학술연구 및 임상실습을 주목적으로 하고 있다. 음악적 기술과 임상에서의 체계적인 전문교육 및 훈련을 통해 음악치료 전문가를 양성하고 있다. 3학기까지는 대상별 치료 접근법 등 임상에 관련된 과목을 이수하고 4학기에 협력기관에서 인턴과정을 거친다. 성신여대 음악치료학과는 음악치료전공뿐만 아니라 전공 이외의 음악치료 관련 분야 학문이 선수과목으로 같이 개설되어 있어, 사회복지 또는 심리학, 간호학 등의 관련 분야의 과목을 수강할 수 있다.

(1) 교과목

음악치료 기술, 음악치료 연구법, 음악과 인간행동, 음악치료 철학, 음악치료 진단평가, 즉흥음악치료 1·2, 음악치료 세미나, 아동을 위한 음악치료, 노인을 위한 음악치료, 성인을 위한 음악치료, 일반의료의 음악치료, 실습 1·2, 인턴십, 특수아동심리학, 고급 이상심리학, 정신병리학, 소아과정신의학, 심리치료기법, 정신과질환 및 치료, 재활질환 및 치료, 신경과질환 및 치료,

음악치료학개론, 음악심리학개론, 심리학개론, 생리학, 해부학, 발달심리학, 발달장애심리학, 기초통계학, 컴퓨터음악 작곡법, 건반화성, 컴퓨터 음악, 화성학

(2) 입학정보

- 석사과정(4학기제)
- 원서접수: 4월 말, 10월 말
- 전형일: 5월 초, 11월 초
- 과목: 실기, 면접

(3) 특징

주간이며, 선수과목으로 음악치료 관련 분야 과목을 함께 수강할 수 있다.

♫ 수원대학교(수원)

수원대학교는 음악대학원 피아노 교수학과에 석사과정으로 음악치료 상담전공이 설립되어 있다. 야간이며, 4학기(2년) 또는 5학기(2년 6개월) 과정으로 진행된다.

(1) 교과목

음악치료학개론, 상담이론과 실제, 음악치료기술, 아동·청소년 음악치료, 음악심리치료, 음악치료연구방법, 음악치료 임상실

습 및 수퍼비전, 즉흥음악치료, 음악치료철학, 인간행동과 음악, 정신병리와 음악치료, 음악놀이치료, 노래심리치료, 개별현장연구, 그룹음악치료, 음악치료 인턴십, 전공실기 I · II · III · IV

(2) 입학정보

- 석사과정(4학기제, 혹은 5학기제)
- 원서접수: 1월 중순
- 전형일: 1월 말
- 전형방법: 서류, 면접

(3) 특징

음악대학원에 소속되어 있으며 피아노 교수학과에 있는 것이 특징이다. 전문적이고 체계적인 현대 피아노 교육방법을 연구하는 피아노교수학 전공으로 피아노교수학, 피아노반주, 음악예술 경영전공 및 음악치료 상담전공으로 세분화되어 있다.

♫ 숙명여자대학교(서울)

숙명여자대학교는 특수대학원 내 음악치료대학원 석사과정 (1997년 국내 최초), 원격대학원 내 음악치료전공 석사과정(2014년 1학기 시작), 일반대학원 내 음악치료전공 박사과정(2003년 3월 국내 최초)이 개설되어 있다. 음악치료대학원과 원격대학원 석사과정 모두 5학기제다.

(1) 교과목

특수대학원 음악치료대학원 교과목

음악치료학개론, 음악심리학개론(특강을 통해 입학 전 이수함), 음악치료기술, 특수아동심리학, 음악치료연구법, 기타앙상블, 비오케스트라합주, 성악앙상블, 피아노앙상블, 이상심리학, 즉흥연주기술, 음악분석개론 및 감상, 음악치료실습 I · II, 음악과 인간행동, 음악심리치료, 음악과심상, 음악치료철학, 신경재활, 노인 음악치료, 음악치료 인턴십, 논문

원격대학원 음악치료전공 교과목

음악치료대학원과 유사한 교과목으로 진행된다. 이론은 온라인으로 이루어지고 실습과정은 오프라인으로 이루어진다.

일반대학원 음악학과 음악치료전공 박사과정 교과목

고급음향심리학, 고급음악심리학, 음악치료철학, 음악치료 세미나, 음악치료 역사연구, 음악치료 고급통계학, 음악멀티미디어, 질적연구방법론, 논문

(2) 입학정보

특수대학원 음악치료대학원

• 석사과정(5학기제)
• 원서접수: 5월, 11월 중순
• 전형일: 6월, 12월 초

• 전형방법: 필기시험(음악치료학, 음악심리학), 실기, 면접

특수대학원 원격대학원
• 석사과정(5학기제)
• 원서접수: 5월, 11월 중순
• 전형일: 6월, 12월 초
• 전형방법: 면접(50%) 학부성적(50%)

일반대학원 음악학과
• 박사과정(4학기제)
• 원서접수: 4월 중순, 10월 중순
• 전형일: 5월 초, 11월 초
• 전형방법: 서류, 면접 및 논술시험

(3) 특징
• 선수과목으로 음악치료학개론, 음악심리학개론을 이수하여야 한다.
• 6개월 동안 현장에서 인턴십 과정을 거친다. 인턴십은 음악치료 임상현장을 실제로 경험하고 이론과 실습을 병행하며 음악치료사의 자질과 역량을 키울 수 있도록 한다. 총 6개월 동안 하루 8시간 주 4일 근무를 원칙으로 한다. 현재 시립병원, 복지관 등에서 진행되고 있다.

♬ 순천향대학교(아산시)

순천향대학교는 건강과학대학원 심리치료학과에 음악치료전공이 개설되어 있으며, 5학기제다.

(1) 교과목

성격심리학, 발달심리학, 상담이론과 기법, 연구방법 및 통계, 질적연구방법론, 음악치료개론, 음악치료기술, 장애아동 음악치료, 성인 음악치료, 노인 음악치료, 음악치료철학, 그룹음악치료, 음악치료 인턴십, 음악치료 임상실습 1·2·3, 즉흥음악치료, 음악치료 세미나, 발달장애 심리학, 음악심리학, 행동치료, 특수아심리학

(2) 입학정보
- 석사과정(5학기제)
- 원서접수: 5월, 11월 중순
- 전형일: 6월, 12월 초
- 전형방법: 서류, 전공면접

(3) 특징

서울에도 센터가 있어 강의가 있으며, 음악치료전공 임상실습 및 인턴과정을 순천향병원에서 실시한다.

♬ 예원예술대학교(임실)

예원예술대학교는 문화예술대학원에 음악치료전공이 개설되어 있으며, 4학기제다. 야간으로 입학전형은 면접과 학부성적을 통해 이루어진다. 음악치료 자체 본질을 탐구하며, 임상시간을 강조한다. 또한 예방 차원의 치료적 목표를 두어, 치매노인 및 정신분석적 측면의 음악치료에 주안점을 두고 있다.

(1) 교과목

음악치료학, 음악심리학, 음악치료기술, 음악과 인간행동, 악기 연주법, 장애아동 음악치료, 음악치료임상 1 · 2 · 3, 성악지도, 성인대상 음악치료, 즉흥연주기술, 논문지도, 인턴십(1,040시간), 재활음악치료, 분석적 음악치료, 음악치료연구법

(2) 입학정보
- 석사과정(4학기제)
- 원서접수: 5월, 11월 중순
- 전형일: 6월, 12월 중순
- 전형방법: 서류, 면접

(3) 특징
한국음악치료임상응용학회와 연계하여 음악치료의 다양한 교육, 임상, 연구의 기회를 갖게 되며 학회에서 규정하는 인턴십

1,040시간을 채워야 한다.

♬ 원광대학교(익산)

원광대학교는 보건보완의학대학원 예술치료학과에 2001년 3월 음악치료전공이 개설되어 있으며, 5학기제다. 원광대학교 음악치료전공에서의 교육과정은 음악치료의 이론과 실제가 통합된 교과목으로 심리학, 의학 등 관련 분야의 전문지식과 다양한 음악의 전문기술과 기법, 임상훈련을 통해 내담자의 삶의 질 향상에 기여할 수 있는 음악치료 전문가를 배출하는 데 교육목적을 두고 있다. 입시는 서류와 면접으로 진행된다.

(1) 교과목
인턴십, 음악치료철학, 음악치료 임상분석, 집단 음악치료, 음악치료 진단과 평가, 즉흥연주

(2) 입학정보
- 석사과정(5학기제)
- 원서접수: 7월 중순, 11월 중순
- 전형일: 8월 초, 12월 초
- 전형방법: 서류, 면접

(3) 특징
예술치료학과 안에 미술치료학, 무용연극치료학과도 있다.

♫ 웨스트민스터신학대학원대학교(경기 용인)

웨스트민스터신학대학원대학교는 2013년에 사회문화교육학과에 음악치료교육전공이 개설되었다. 신학대학의 사회문화교육학과로서 음악치료교육뿐만 아니라 신학적인 치유음악을 함께 공부하도록 되어 있다.

(1) 교과목
발달심리학, 이상심리학, 심리진단 및 평가, 상담의 이론과 실제, 예술치료개론, 예술치료방법론, 연구방법론, 정신병리와 예술치료, 정신분석적 접근, 치유목회학, 음악치료개론, 음악치료이론, 음악치료기법: 즉흥연주의 기법과 활용, 노래심리치료의 접근, 음악적 감상과 활용, 난타활용기법, 악기 연주기법, 음악과 예술치료의 활용, 음악치료의 사례연구 발표, 음악치료의 논문연구, 치유음악목회기술, 치유음악목회실습

(2) 입학정보
- 석사과정(4학기제)
- 원서접수: 5월, 11월 중순
- 전형일: 6월, 11월 말

• 전형방법: 서류, 면접

(3) 특징

• 다양한 예술치료 기법을 함께 배울 수 있다.

♫ 이화여자대학교(서울)

이화여자대학교는 교육대학원(1997년 9월)과 일반대학원(2011년 9월)에 음악치료학과가 개설되어 있다. 교육대학원 음악치료교육전공은 5학기 석사학위 과정으로 교육학 석사학위를 취득하게 되며, 일반대학원 음악치료학과는 석사, 석·박사 통합, 박사 과정이 설립되어 있다. 박사학위에는 3개의 세부 전공이 개설되어 있는데, 아동 음악치료전공, 성인 음악치료전공, 노인 음악치료전공이다.

(1) 교과목

음악치료기술교육, 장애아동 음악치료교육, 음악치료교육실습 I·II·III, 지적장애인을 위한 음악치료교수법, 학습부진아를 위한 음악치료교수법, 음악치료연구방법론, 학교현장을 위한 음악치료교육, 음악치료교육 인턴십, 인간행동과 음악, 음악과 학습이론, 그룹음악치료, 음악심리치료, 음악심리학, 음악치료 진단평가, 음악치료교육철학, 음악치료임상기법, 즉흥연주기법, 고급음악치료기법, 현장연구, 음악치료 세미나, 고급즉흥연주기

술, 정신병리와 음악치료, 인턴십, 논문

일반대학원 음악치료학과 교과목

음악치료 과정과 기술, 아동청소년 음악치료, 음악치료와 언어병리, 음악치료 임상분석 1·2·3·4, 음악심리치료, 음악치료 연구방법, 음악치료 자료분석, 질적연구방법, 음악치료 수퍼비전, 연주심리치료, 감상심리치료, 음악과 심상, 즉흥음악치료, 의료환경과 음악치료, 음악 지각과 인지, 음악치료 세미나, 박사세미나, 노인 음악치료, 음악치료와 정신병리, 심리음향학, 음악치료철학, 고급즉흥음악치료, 신경학적 음악치료, 음악과 발달, 음악사회심리학, 음악치료 임상기법, 음악치료근거이론, 고급통계, 개별현장연구, 노래심리치료, 민족음악학

(2) 입학정보

교육대학원 내 음악치료 교육전공

- 석사과정(5학기제)
- 원서접수: 4월 말, 10월 말
- 전형일: 5월 말, 11월 말
- 전형방법: 서류, 면접, 실기(12~32마디로 된 선율에 화음을 넣어 연주할 수 있는 능력)

일반대학원 내 음악치료학과

- 석사과정(4학기제)

- 원서접수: 4월 말, 5월 초, 10월 초~중순
- 전형일: 5월 말, 11월 초
- 전형방법: 서류(학업성취도, 연구계획서, 진학추천서 등), 면접, 실기시험(악기는 건반으로 제시된 8~12마디 선율에 화음을 구성하여 초견으로 연주)

일반대학원 내 음악치료학과
- 석ㆍ박사 통합과정(8~10학기+α)
- 원서접수: 4월 말~5월 초, 10월 초~중순
- 전형일: 5월 말, 11월 초
- 전형방법: 서류(학업성취도, 연구계획서, 진학추천서 등), 면접, 실기시험(악기는 건반으로 제시된 8~12마디 선율에 화음을 구성하여 초견으로 연주)

일반대학원 내 음악치료학과
- 박사과정(6학기)
- 원서접수: 4월 말~5월 초, 10월 초~중순
- 전형일: 5월 말, 11월 초
- 전형방법: 서류(학업성취도, 연구계획서, 진학추천서 등), 면접(구술)고사

(3) 특징
- 박사과정 전공이 세분화된다. 그 세부전공은 아동 음악치료

전공, 성인 음악치료전공, 노인 음악치료전공으로 나뉜다.

♫ 전주대학교(전주)

전주대학교는 2014년 일반대학원에 예술치료학과가 개설되었으며, 4학기제다.

(1) 교과목

발달정신병리, 가족치료학, 양적연구설계, 질적연구설계, 예술치료 문헌연구, 예술치료 철학과 윤리, 고급예술치료 세미나, 예술치료 임상실습과 슈퍼비전 1·2·3, 논문지도 Ⅰ·Ⅱ, 고급음악치료 임상기법, 고급즉흥연주, 집단음악치료, 음악심리치료, 신경재활 음악치료, 정신병리와 음악치료

(2) 입학정보
- 석사과정(4학기제)
- 원서접수: 6월 초, 12월 초
- 전형일: 6월 중순, 12월 중순
- 전형방법: 서류, 면접, 필기시험

(3) 특징
- 주간에 개설되어 있으며, 학부과정과 연계되어 있다.

♬ 중앙대학교(경기 안성)

중앙대학교는 2011년 3월 특수대학원 국악교육대학원에 음악치료전공이 개설되었다. 중앙대학교 음악치료전공은 국악을 바탕으로 한 전문음악치료사 양성을 목표로 국내에 처음으로 개설되었으며 4학기제다.

(1) 교과목

전통음악개론, 음악심리학, 음악치료기술, 음악과 인간행동, 국악분석과 창작, 음악극 1 · 2 민요 1 · 2, 사물놀이실습 1 · 2, 소금실습 1 · 2, 즉흥연주기술, 연극과 음악, 국악치료실습 1 · 2 · 3 · 4, 치료음악창작실습, 합주치료실습, 국악감상지도법, 국악치료학개론, 음악치료연구, 음악치료철학, 음악심리치료, 모듬북 창작실습, 이상심리학, 특수아동심리학, 무용치료실습, 청소년음악치료

(2) 입학정보
- 석사과정(4학기제)
- 원서접수: 11월 중순
- 전형: 12월 초
- 전형방법: 서류, 심층면접

(3) 특징

• 하계, 동계 방학을 이용한 계절제 수업을 한다.
• 연 1회 모집한다.

♬ 한세대학교(경기 군포)

한세대학교는 일반대학원과 특수대학원 내에 음악치료전공이
개설되어 있다. 1997년에 일반대학원 석사과정이 개설되었고,
1999년 음악과 박사과정이 인가되면서 박사과정은 2004년에 개
설되었다. 이후 2012년에 특수대학원인 치료상담대학원이 설립
되어 음악치료전공 석사학위 과정이 개설되었다.

(1) 교과목

일반대학원 내 음악치료전공 교과목

• 음악치료기술, 즉흥연주기술, 음악치료연구법, 임상실습,
임상분석, 음악치료철학, 음악과 인간행동, 음악치료접근
법, 신경학적 음악치료, 음악심리치료, 이상심리학, 특수아
동심리학, 음악치료학개론, 인턴십, 논문

특수대학원 치료상담대학원 내 음악치료전공 교과목

• 상담이론과 실제, 정신분석, 심리검사, 집단상담, 음악치료
기술, 임상실습, 임상분석, 음악치료학개론, 아동을 위한 음
악치료, 노인을 위한 음악치료, 음악심리치료, 음악치료접

근법, 즉흥연주기술, 인턴십, 논문

일반대학원 내 음악치료전공 교과목(박사과정)
• 일반의료와 음악치료, 음악치료 수퍼비전, 음악치료 진단과
  평가, Music & Brain, 최신 연구동향 분석, Music & Emotion,
  Holistic Music Therapy, 음악치료 질적연구, 음악치료 교수
  법, 고급신경학적음악치료, 고급음악심리치료, 논문

(2) 입학정보
일반대학원 내 음악치료전공
• 석사과정(4학기제)
• 원서접수: 7월 중순, 1월 중순
• 전형일: 7월 말, 1월 말
• 전형방법: 학부성적, 면접, 실기(비전공자의 경우)

특수대학원 치료상담대학원 내 음악치료전공
• 석사과정(4학기제)
• 원서접수
  − 수시: 1월, 6월
  − 정시: 12월 중순
• 전형일
  − 수시: 1월 말, 7월
  − 정시: 12월 말

• 과목: 학부성적, 면접

일반대학원 내 음악치료전공: 박사과정(4학기제)
• 원서접수: 7월 중순, 1월 중순
• 전형일: 7월 말, 1월 말
• 전형방법: 석사성적, 면접, 실기(자유곡 1곡 연주)

(3) 특징

• 일반대학원은 주간이며 석사와 박사과정이 있고 치료상담
  대학원은 특수대학원으로 야간이며 석사과정만 개설되어
  있는데, 일반대학원은 음악치료에 대한 연구 및 이론에 대한
  과목들이 많이 개설되어 있는 반면, 치료상담대학원은 음악
  치료뿐만 아니라 상담에 관련된 과목이 함께 개설되어 있다.
• 음악치료의 경우 주간과 야간 양쪽에 석사과정이 개설되어
  있어 지원자의 상황과 비전에 따라 일반대학원 혹은 특수대
  학원으로 선택 · 지원할 수 있으며, 박사과정으로 연결되어
  있어 학업의 깊이와 연구를 지속할 수 있다.

3. 기타 교육과정

전문 음악치료사가 되기 위한 훈련은 대학 및 대학원뿐만 아
니라 기타 교육과정을 통해서도 가능하다. 대표적으로는 숙명여

자대학교 전문가과정과 전국 각 대학에 있는 평생교육원과 사회
교육원을 통해 음악치료이론 및 실습과정을 이수할 수 있다. 최
근 임상시간과 훈련이 턱없이 부족함에도 불구하고 무분별하게
음악치료 관련 자격증이 발급되고 있는데, 전문가로서의 자질을
획득하기 위해서는 평생교육원과 사회교육원을 통해 음악치료
를 이수하게 될 경우 공인된 학회 및 협회와 연결되어 자격증을
획득할 수 있는지 알아볼 필요가 있다.

♬ 숙명여자대학교 전문가 과정

숙명여자대학교는 특수대학원 내 특별연구과정 중 음악치료
전문가과정을 개설하였다. 학사학위를 취득하고 숙명여자대학
교 음악치료대학원 선수과목인 음악치료학과 음악심리학 특강
을 이수한 자 중, 2급 임상음악전문가를 목표로 한 자들은 1년
과정인 숙명여자대학교 전문가 과정을 통해 음악치료이론 및 실
습 등 임상 훈련교육을 받을 수 있다. 1학기에는 음악과 인간행
동, 음악치료의 대상, 음악치료 기술 수업을 받고, 2학기에는 즉
흥연주, 음악치료 집단활동, 음악치료 세미나, 음악치료 실습수
업을 받는다. 수업 이수 후에는 한국음악치료학회에서 주관하는
임상음악전문가 2급 자격시험을 볼 수 있다.

♫ 평생교육원과 사회교육원

전국 국·공립 및 사립 대학교 내에 있는 평생교육원에서도 음악치료사 훈련을 받을 수 있다. 하지만 평생교육원 및 사회교육원의 경우 음악치료 과목 개설의 절차가 복잡하지 않아 쉽게 개설될 수 있으며 폐강 또한 수강 인원에 따라 쉽게 이루어지기도 하므로, 일시적인 폐강이나 개설이 유동적임을 고려해야 한다. 국내 대학 평생교육원 및 사회교육원의 자격요건 및 자격증 발급기관은 〈표 3-1〉〈표 3-2〉와 같다.

〈표 3-1〉 국내 국·공립 평생교육원 및 사회교육원

교육센터	교육시간	자격증 발급기관	자격증명	자격요건
강릉원주대학교 강릉캠퍼스 평생교육원	90시간	사)한국국공립대학 평생교육원협의회	음악심리 지도사	전문학사 이상
강릉원주대학교 원주캠퍼스 평생교육원				
강원대학교 평생교육원				
경북대학교 평생교육원				
경상대학교 평생교육원				
공주대학교 평생교육원				
광주교육대학교 평생교육원				
목포대학교 평생교육원				
부경대학교 평생교육원				
순천대학교 평생교육원				
전남대학교 평생교육원				
전북대학교 평생교육원				
충남대학교 평생교육원	135시간			
충북대학교 평생교육원	90시간			

출처: 사)한국국공립대평생교육원협의회 홈페이지.

〈표 3-2〉 국내 사립대학교 평생교육원 및 사회교육원

교육센터	교육시간	자격증 발급기관	자격증명	자격요건
가톨릭대학교 평생교육원	이론강의 180시간	사)한국대학평생 교육원 협의회	음악심리 지도사	전문학사 이상
감리교신학대학교 평생교육원				
계명대학교 평생교육원				
광주여자대학교 평생교육원				
대구가톨릭대학교 평생교육원				
대구예술대학교 평생교육원				
명지대학교 평생교육원	1급: 90시간 2급: 90시간	한국음악심리치료 협회 한국직업능력개 발원	음악치료사 1/2급(협회) 음악심리 상담전문가 1/2급(개발원)	1급: 음악치료 2급 자격증 취득 및 전국 대학교 평생교육원에서 1년간 음악치료를 수료한 자 2급: 대학 2년 재학이상
서해대학 평생교육원	이론강의 180시간	사)한국대학평생 교육원 협의회	음악심리 지도사	전문학사 이상
연세대학교 평생교육원	1년	사)한국음악치료 학회	임상음악 준 2급 전문가	
영남신학대학교 평생교육원	이론강의 180시간	사)한국대학평생 교육원 협의회	음악심리 지도사	
울산과학대학교 평생교육원				
이화여자대학교 평생교육원				
제주한라대학교 평생교육원				
한양대학교 사회교육원				

출처: 명지대학교 홈페이지.
　　　사)한국대학평생교육원협의회 홈페이지.

4. 학회 및 협회

음악치료사에 대한 관심이 급증하고 또한 전문인으로서의 자격이 강조되면서 음악치료 관련 협회 및 학회에서는 자격 기준을 마련하고 이에 대한 음악치료자격증을 발급하고 있다. 학회 및 협회에 따라 발급되는 자격증명 및 자격을 획득할 수 있는 자격 기준과 임상시간은 각 학회마다 다르게 부여하고 있다.

♫ 사)한국음악치료학회

사단법인 한국음악치료학회에서는 2010년 8월부터 음악치료사 자격시험제도를 실시하고 있으며, 자격시험을 통과하게 되면 임상음악전문가 자격증을 받게 된다. 임상음악전문가 자격시험에 응시하기 위해서는 사단법인 한국음악치료학회의 정회원이 되어야 하며, 학회에서 인정하는 교육기관으로부터 교육과정을 이수하여야 시험을 볼 수 있는 자격이 부여된다. 한국음악치료학회 임상음악전문가 자격증은 1급, 2급, 준 2급으로 구분되어 있으며, 등급에 따라 자격 요건과 이수해야 하는 학점 및 임상수련 시간은 다르게 규정하고 있다.

임상음악전문가 1급 자격증을 취득하기 위해서는 다음의 자격을 갖춰야 하는데, 학회가 인정하는 국내외 대학교에서 음악치료전공 석사 이상의 학위를 취득하거나, 혹은 학회가 인정하는 국내외 대학교에서 음악치료전공 학사학위를 취득하고 학회가 규정하는 임상수련과정을 수련한 자, 또한 임상음악전문가 2급 자격증을 소지하고 학회에서 제공하는 소정의 교육과정을 이수해야 한다. 위에 제시한 자격요건이 충족되었을 때 학회원은 임상음악전문가 1급 자격증 시험을 볼 수 있으며, 시험에 통과하면 그 자격을 획득할 수 있다.

　임상음악전문가 2급 자격증을 취득하기 위해서는 학회가 인정하는 국내외 대학교에서 음악치료전공 석사학위를 수료하거나, 학회가 인정하는 국내외 대학교에서 음악치료전공 학사학위를 취득하거나, 혹은 임상음악전문가 준 2급 자격증을 소지하고 학회에서 제공하는 소정의 교육과정을 이수해야 한다. 위에 제시한 자격요건이 충족되었을 때 학회원은 임상음악전문가 2급 자격증 시험을 볼 수 있으며, 시험에 통과하면 그 자격을 취득할 수 있다.

　임상음악전문가 준 2급 자격증을 취득하기 위해서는 학회가 인정하는 국내외 2년 혹은 3년제 대학에서 음악치료전공 전문학사 학위를 취득하거나 혹은 학회가 인정하는 교육기관(평생교육원, 사회교육원)에서 제공하는 소정의 교육과정을 이수해야 한다. 위에 제시한 자격요건이 충족되었을 때 학회원은 임상음악전문가 준 2급 자격증 시험을 볼 수 있으며, 시험에 통과하면 그 자격을 취득할 수 있다.

　한편, 앞서 살펴보았듯이 국내외 대학 및 평생교육원에서 습득하게 되는 교과목의 과정은 공통되는 부분도 있지만, 학과의 특색과 주안점에 따라 교과목 명칭이 다르게 적용되는 것을 알

수 있다. 따라서 한국음악치료학회에서는 이에 대한 기준점을
마련하기 위해서 1급, 2급, 준 2급 자격증 취득을 위한 이수과목
과 학점을 제시하고 있는데, 그 내용은 〈표 3-3〉과 같다.

〈표 3-3〉 한국음악치료학회 자격증 취득을 위한 이수과목 및 학점

자격증명	이수과목	학점
1급 임상음악전문가	• 기초 교과목: 교육학, 심리학, 병리학, 음악학, 기타 분야의 교과목 • 전공 교과목: 특수아동심리학, 이상심리학, 즉흥연주기술, 음악분석개론 및 감상, 음악과 인간행동, 음악심리치료, 음악과 심상, 신경재활 음악치료, 음악치료학개론, 음악심리학개론, 음악치료기술 등 관련 교과목 • 실습 교과목: 임상실습(1학기 15주/총 3학기 과정) 및 인턴십(6개월)	36
2급 임상음악전문가	• 기초 교과목: 교육학, 심리학, 병리학, 음악학, 기타 분야의 교과목 • 전공 교과목: 특수아동심리학, 이상심리학, 즉흥연주기술, 음악분석개론 및 감상, 음악과 인간행동, 음악심리치료, 음악과 심상, 신경재활 음악치료, 음악치료학개론, 음악심리학개론, 음악치료기술 등 관련 교과목	12
준 2급 임상음악전문가	• 기초 교과목: 교육학, 심리학, 병리학, 음악학, 기타 분야의 교과목 • 전공 교과목: 특수아동심리학, 이상심리학, 즉흥연주기술, 음악분석개론 및 감상, 음악과 인간행동, 음악심리치료, 음악과 심상, 신경재활 음악치료, 음악치료학개론, 음악심리학개론, 음악치료기술 등 관련 교과목	6

출처: 사)한국음악치료학회 홈페이지.

한국음악치료학회에서는 연 2회 자격증 시험을 실시하며, 위에 제시된 기초 교과목과 전공 교과목의 지식을 검정할 수 있는 필기시험과 실기시험을 보며, 자격증 시험의 합격 점수는 70점 이상이어야 한다. 취득된 임상음악전문가 자격증은 매 5년마다 갱신해야 하는데, 갱신 요건은 학회 정회원 자격을 유지하고, 5년간 300점 이상의 보수교육을 받는 것이다. 만일 자격증 갱신을 하지 못한 경우, 자격시험을 통해 자격증을 재취득해야 한다.

♫ 사)전국음악치료사협회

사단법인 전국음악치료사협회는 2010년부터 음악치료사 자격시험제도를 실시하고 있으며, 자격시험을 통과하게 되면 음악중재전문가(korean certified music therapist: KCMT) 자격증을 받게 된다. KCMT 자격시험에 응시하기 위해서는 사단법인 전국음악치료사협회의 정회원이 되어야 하며, 협회가 인정하는 교육기관으로부터 음악치료전공학위(학사, 석사)를 취득하고 학위과정 중 1,000시간 이상의 임상수련과정을 이수해야 시험을 볼 수 있는 자격이 부여된다. 사)전국음악치료사협회에서는 연 2회 자격증 시험을 실시하며, 약 500시간의 이론강의와 1,000시간의 임상실습을 자격시험의 전제 조건으로 제시하고 있으며, 그 내용은 〈표 3-4〉와 같다.

〈표 3-4〉 전국음악치료사협회 자격증 취득을 위한 이수과목

음악치료이론	임상 관련 이론	음악치료실습
음악치료개론 음악심리학 음악심리치료 인간행동과 음악 세미나 등 음악과 인간 행동 관련 이론	장애아동/성인/노인을 위한 음악치료 신경학적 음악치료 즉흥연주 의료/학교 현장에서의 음악치료	실습: 총 3학기(1학기 16주) 및 인턴십 6개월 총 1,000시간 임상실습

출처: 사)전국음악치료사협회 홈페이지.

　시험과목은 음악중재 이론, 음악중재기술, 음악중재윤리이며, 시험출제는 전국 대학 및 대학원 음악치료학과 교수진이 출제한 문제은행을 근거로 한다. 이러한 문제은행을 근거로 학교별 3명의 교수를 위촉하여 음악중재이론 및 음악중재기술 각각 50문항, 음악중재윤리 25문항을 출제한다. 취득된 음악중재전문가 자격증은 5년마다 갱신해야 하는데, 갱신요건은 협회 정회원 자격을 유지하고, 5년간 80시간 이상의 보수교육 학점을 이수해야 한다.

4
장

나는 음악치료사

음악치료사들은 여러 영역에서 다양한 클라이언트를 대상으로 음악치료를 시행한다. 아동을 대상으로 하는 치료사들의 경우 특수학교, 특수학급, 복지관, 방과후 교실 등에서 아동의 발달과 교육을 목적으로 음악치료를 실시한다. 일반 청소년을 대상으로 하는 경우, 병원이나 학교, 상담센터 등에서 상담과 함께 치료를 진행하기도 한다. 한편, 성인과 함께하는 치료사의 경우 일반 개인 클리닉이나 신경정신과 병원 등에서 치료를 진행하고 있다. 일반 노인과 함께하는 치료사들은 복지관이나 요양센터 등에서 일을 하며 치매노인과 함께하는 치료사들은 치매병동이나 시설 등에서 일을 하기도 한다. 또한 최근에는 재활병원이나 일반 병원에서 환자들과 함께하는 치료사들도 늘어나고 있다. 이와 함께 음악치료사들을 양성하기 위한 교육을 하고 있는 치료사들도 있다. 이 장에서는 다양한 현장에서 일하는 치료사들의 경험을 전함으로써 치료사들이 하는 일과 보람에 대해 함께 나누고자 한다.

만 남

위아름

"어떻게, 또는 왜 음악치료사가 되었습니까?" 음악치료사가 된 후 자주 받는 질문이지만 명쾌한 대답을 위해 늘 고심하게 되는 질문이다. 나는 이 질문에 어른이 되어서도 버리지 못한 음악에 대한 꿈, 사람이라는 존재에 대한 관심, 그 두 가지 마음이 어찌 어찌하여 나를 이끌었던 것 같다고 답하곤 한다.

음악과 무관한 전공으로 대학을 졸업한 후 다시 음악공부를 하고 싶어 방법을 찾던 중 우연히 음악치료라는 것이 있다는 걸 알게 되었다. 개인적으로 소비하고 즐기는 음악이 아니라 음악 으로 누군가에게 구체적인 도움을 줄 수 있다는 사실이 놀라웠 고 주저 없이 음악치료를 하겠다고 결심했다. 도움을 필요로 하 는 누군가와 음악을 함께 즐기면서 나의 힘으로 사람들을 도울 수 있다면 직업인으로서 즐거움도 의미도 다 가질 수 있으리라 믿었다. 음악치료와의 첫 만남은 그렇게 시작되었다.

아동을 위한 음악치료를 하는 내게 가장 큰 즐거움은 아이들 의 변화와 성장을 지켜볼 수 있다는 점이다. 아이들은 조금만 도 와 주고 이끌어 주면 누구보다 빠르게 달라질 수 있는 가능성을 지닌 존재다. 덜 자랐고 불완전한 반면 많은 잠재력을 지녔기에 아이들과 함께 할 때마다 고민도 많고 탈도 많지만 기쁨 또한 크다. 내게 음악치료사라는 직업에 대해 많은 고민과 어려움을 안겨 주었지만 그랬기에 오히려 음악치료에 대한 확신을 갖게 해 준 잊지 못할 아이가 있었다.

음악치료사로 일을 시작한 지 1년 남짓 됐을 무렵, 진우(가명)라는 7살 된 발달장애 남자아이가 엄마와 함께 나를 찾아 왔다. 장애 정도가 너무 심해 교육이 어렵고 예후 또한 기대하기 힘들다는 이유로 어떤 곳에서도 받아들여지지 않아 별다른 교육이나 치료를 받아 본 적이 없는 아이였다. 부모는 그런 진우를 데리고 오랜 기간 여기저기 전전하셨고, 마지막이라는 심정으로 음악치료를 받아 보고 싶다고 하셨다. 진우를 처음 보았을 때 나 역시 선뜻 아이를 받기가 두려워서 주저했다. 어떻게 시작해야 할지, 무엇을 해야 할지 난감했고 치료를 시작한 후에도 '내가 음악치료사로서 무엇을 해 줄 수 있을까?'에 대해 매 순간 고민했다. 일곱 살이었지만 갓 돌 지난 아기 같았던 진우는 말을 전혀 못했고, 외부 자극에 거의 반응하지 않았으며, 특별한 신체적 장애가 없었음에도 몸을 제대로 가누지 못해 치료사 혼자 아이를 이끌기에도 힘에 부쳤다. 하지만 마지막 희망이라며 찾아온 아이를 위해 어떻게든 해 보자고 스스로를 다그치고 부모님과 함께 고민하고 의논하면서 반년여를 보냈을 때쯤, 아이가 차츰 음악에 반응하면서 변화를 보이기 시작했다. 음악이나 이름을 부르는 소리에, 힘없이 떨구고 있던 고개를 들어 소리 나는 쪽을 향해 미소 짓고, 치료사가 노래를 부르거나 피아노를 연주해 주면 '어어어~ 으으으~'하며 감탄사인지 노래인지 모를 소리를 내

기도 했다. 아름다운 선율의 음악을 들으며 눈물을 흘리고, 신나
는 노래에는 박수를 치기도 했다. 치료실에서는 음악에 맞춰 악
기를 흔들거나 두드릴 수 있게 되었고 진우의 부모는 집에서도
아이가 스스로 조금씩 움직이기 시작했다며 기뻐하셨다. 수많은
갈등과 시행착오가 있었고 포기하고 싶을 때도 많았다. 한 시간
내내 음악을 틀어 놓고 아이를 지켜보거나 목이 쉬도록 노래만
불러 준 적도 있다. 아이의 손을 붙잡고 악기를 두드려 보고 아
이 앞에서 혼자 춤을 추어 보기도 했다. 아이가 조금이라도 움직
임을 보이면 놓칠세라 얼른 피아노나 악기로 반영하며 노래하고
연주하였다. 아이가 듣고는 있는지, 내가 제대로 하고는 있는지
혼란스러운 가운데서도 믿음을 잃지 않으려고 애쓰며 음악으로
할 수 있는 모든 것을 해 보았다. 그리고 드디어! 아이는 이런 나
의 음악적 시도와 노력을 알아 채고 호응해 주기 시작했다.

때때로 다른 치료 영역이나 영역 밖에 있는 사람들에게서 진
우처럼 장애가 심한 아이를 치료하면 효과가 있느냐, 또 무슨 의
미가 있느냐는 질문을 받곤 했다. 사실 이 질문은 내가 스스로에
게 수없이 던진 것이기도 하다. 나 역시 자주 회의에 빠지고 무
기력함을 느끼기도 했지만 그럼에도 포기하지 않고 진우의 변화
를 목격하면서 답을 찾을 수 있었다.

진우에게 음악은 무엇이었을까?

음악은 진우가 자기 자신뿐 아니라 외부 세계와 관계를 맺을
수 있게 도와주었고 사람으로서의 본능을 일깨워 주었다고 생각
한다. 정리되지 않은, 자신과는 무관한 소리(소음)들 가운데 살

다가 자신과 관계된 정리된 소리(음악)가 삶에 들어오면서 아이는 자신과 외부세계를 구별할 수 있게 되었고 스스로 감정을 느껴 눈물로, 웃음으로, 박수와 목소리로 표현할 수 있게 된 것이다. 즉흥연주를 통한 음악은 아이 스스로 자신의 움직임을 인식할 수 있도록 해 주었으며, 아이의 의식을 일깨워 행동하고 싶은 욕구를 불러일으켰다고 생각한다. 다양한 악기들로 움직임을 유도하고, 아이가 의도를 가지고 스스로 움직이게 함으로써 움직임의 범위와 다양성을 확장시켜 발달이 정체되거나 퇴행하지 않도록 도와주기도 하였다. 무엇보다 음악은 진우가 살아 있음을 스스로 증명하게 해 주었고 진우 스스로도, 부모도, 치료사도 포기하지 않도록 힘을 주었다. 2년 남짓한 시간 동안 아이가 보여 준 작지만 분명한 변화는 그간의 고민들에 대한 답을 주었고 음악치료사라는 직업에 확신을 갖게 해 주었다. 어쩌면 나의 음악치료와의 진정한 만남은 진우를 통해 이루어진 게 아닐까?

'치료'라는 이름으로 사람의 변화를 도모하는 일은 음악으로 남을 돕겠다는 막연한 생각만으로 되는 것이 아닌 것 같다. 다양한 장애와 삶의 문제들로 고통과 불편을 겪는 이들에게 진정 힘이 되어 주려면 그들과 직접 부대껴 가며 함께 울고 웃고 나누며 때때로 흔들리더라도 자기 자신과 음악, 그리고 사람에 대한 믿음을 놓지 말아야 한다. 또한 일방적으로 내가 무엇인가를 해 주는 사람이라는 생각보다는 함께하는 과정을 통해 아이들과 함께 변화하고 성장할 수 있도록 나를 열어 놓는 마음가짐이 필요하다. 살아 있기에, 사람이기에, 어리기에 예측할 수 없어 아이들을 만날 때마다 안개 속에 있는 듯 막막하고 두렵게도 느껴지지만 그 '다름'과 '알 수 없음' 자체가 이미 가능성이기에 희망을 갖는다.

이제, 다시금 꿈을 꾼다. 작고 낮은 자리에서라도 아이들과 함께 즐거워하고 함께 성장하는 음악치료사, 꾸준히 지치지 않고 아이들과 음악을 나누며 그들의 성장을 지켜보는 음악치료사가 되는 것이 새로운 꿈이자 목표가 되었다. 다른 사람이 해 줄 수 없는, 나만이 해 줄 수 있는 것이 있다면 좋겠고 그것으로 작더라도 분명한 도움을 줄 수 있었으면 하는 바람이다. 새로이 갖게 된 소망과 만남에 대한 기대로 날마다 힘을 얻는다.

나는 앞으로 또 누구를 만나게 될까?

위아름 음악치료사는
숙명여자대학교 음악치료대학원에서 석사
학위를 받았다. 2006년부터 2008년까지
서울특별시 어린이병원 음악치료사로 근무
하였고, 현재는 숙명음악치료센터 연구원
으로 일하고 있다.

음악치료로 발달장애 어린이들이
세상과 소통하게 하다!

김명신

서울특별시 어린이병원은 어린이 전문 병원으로 발달장애 아동, 정서행동 문제를 가진 아동, 신체장애 아동 등 다양한 어려움을 가진 장애 아동들이 치료를 받는 곳이다. 내가 이곳에서 음악치료사로 근무한 지 어느덧 7년이라는 시간이 흘렀다.

"치료를 하면서 열정이 식거나 지친 적은 혹시 없나요?"라는 질문을 종종 받곤 한다. 그런 질문을 받을 때마다 나는 아직도 "치료를 하면서 지친 적은 한 번도 없네요"라고 솔직하게 대답하곤 한다. 그렇다. 내 안에 아이들을 향한, 그리고 음악치료에 대한 뜨거운 열정은 처음부터 지금까지 이상하게도 식지 않는다.

나는 중학교 시절 무턱대고 음악선교사가 되고 싶다고 다짐했던 뜨거운 마음을 아직도 생생하게 기억한다. 내가 가장 잘 할 수 있는 것으로 다른 사람을 돕고 싶다는 열정이 지금 이 자리까지 열심히 달려 오게 된 원동력이 아닐까 생각한다. 내가 가장 좋아하고 잘할 수 있는 것, 그것이 음악이었기에 학부에서 작곡을 전공하게 되었고, 자연스럽게 음악치료를 소개받게 되면서부터는 가슴이 더 뜨겁고 빠르게 뛰기 시작했다. 어쩌면 음악치료라는 나의 사명을 찾은 감격과 열망이 지금 이 순간까지 지치지 않고 행복하게 임상을 할 수 있게 하는 것이 아닐까 생각한다.

음악치료사는 사람과 관계하며 사람을 세우고 사람을 치료하는 일이기에 나는 사람에 대한 순수한 사랑과 믿음, 사람에 대한 가능성 그리고 꿈을 늘 생각하면서 치료에 임하곤 한다. 특히 아동 음악치료사가 누릴 수 있는 가장 큰 기쁨 중에 하나는 아이들이 성장한다는 것에 있다. 작은 씨앗에 물을 주고 가꾸면 새싹이 나고 꽃이 피어나듯 나는 아동 음악치료를 하면서 자라나는 새싹을 보듯 아이들을 지켜봐 주고 격려하며 무럭무럭 피어나는 꽃과 열매를 기다린다. 때로는 엄마의 마음으로 사랑하고 양육을 하기도 하며 아이들의 숨은 잠재력을 발견하여 꿈을 꾸게 도와준다. 아이의 세계 속으로 완전히 들어가 같은 시각으로 세상을 바라봐 주고 외부 세상에서 원하는 것이 아닌 아이의 필요를 알아차려 함께 고민해 주고, 아이가 못하는 것을 문제 삼아 세상의 시각으로 바꾸려 하기보다는 잘할 수 있는 가능성을 알아봐 주고 열어 주는 것, 그것이야말로 아동 음악치료사가 가져야 하는 순수한 시각, 그리고 치료의 시작이 아닐까 한다.

발달장애 전문병원에서 근무하고 있기에 난 그동안 발달장애 아이들을 참 많이 만나게 되었다. 그중 음악으로 세상과 소통하게 된 뜻깊은 사례를 소개하고 싶다.

4년 전 나는 발달장애 아동들로 구성된 '레인보우 어린이 음악밴드'를 기획하였다. 개별 음악치료를 하는 발달장애 아동들 중에는 유독 특별한 음악적 재능을 보이는 아이들이 있었는데 전반적인 발달이 모두 낮은 상태였지만 음악성 만큼은 두각을 보이는 경우가 종종 있었다. 이러한 아이들의 재능을 그냥 넘기기에는 참 아깝다는 생각을 하면서 학부모에게 음악교육을 추천했지만 일반 교육 현장에는 일반 아이들을 위한 교육 위주이기 때문에 거절을 당하거나 지속적인 교육이 어려운 경우가 많은 것을 보면서 특수 음악교육에 대한 한계를 느끼고 이 프로젝트를 기획하게 된 것이다. 음악치료의 영역에서 교육적 실행을 접근한 프로젝트가 된 셈이었다. 아이들에게 악기를 하나씩 가르쳐 주고 음악으로 꿈을 꾸게 하고 할 수 있다는 자신감을 심어 주고 발달장애에 대한 사회적 인식을 바꾸어 발달장애 아이들도 사회에 잘 적응해 갈 수 있고 더 나아가서는 음악가라는 직업인으로까지 성장할 수 있기를 바라는 마음으로 이 프로젝트를 기획하게 되었다.

그때 만난 수많은 아이 중 상후(가명)가 있었다. 상후는 정말 놀라울 정도로 나의 치료 과정과 교육 과정을 빠르게 습득하였다. 마치 스펀지와 같이 빨아들여 자기 것으로 만드는 능력에 나도 가끔은 깜짝깜짝 놀라게 되었다. 처음 상후를 만났을 때 상후는 전형적인 발달장애 아동의 모습을 가지고 있었다. 타인을 생각하지 않고 일방적으로 의사소통을 하거나 감정조절이 어렵고 부산스러운 행동에 누가 보아도 발달장애라는 느낌이 물씬 풍기는 아이였다. 그런 상후에게 놀라운 점이 있다면 피아노 앞에서는 누구보다도 진지한 표정을 지으며 열심히 집중하여 배우려는 모습을 보였다는 것이다.

치료 과정에서 알고 보니 상후는 절대음감의 소유자였고 음악을 외우고 습득하는 능력은 보통 일반인들보다 훨씬 **빨랐다.** 다른 기능 수준에 비해 월등히 한 영역에만 두각을 보이는 서번트적인 요소들이 상후 안에 풍부하게 잠재되어 있었다. 나는 2년 정도의 기간 동안 상후의 세계로 들어가 함께 몰입하면서 음악치료의 교육적 실행으로 치료를 하기 시작했다. 장점은 살리고 단점은 보완해야 했었다. 음악을 빠르게 받아들이고 습득하는 능력은 상후의 장점이었지만 음악에서 놓쳐서는 안 되는 감정표현의 부분은 매우 제한적인 모습이었다. 음악이 기계적이고 딱딱했으며 음악 속에 자신의 감정을 자유롭게 녹여내는 것이 서툴러 그것을 훈련하기 시작했다. 몸을 함께 움직이며 음악을 느끼게 하고 연극을 하듯이 표정연기를 연습해 보기도 하고, 유연성을 키우기 위해 굳어져 있는 몸의 근육들을 푸는 연습을 하고, 흐트러져 있는 박을 교정하고 내부와 외부의 인식을 갖게 하기 위해 메트로놈을 사용하여 몸으로 박을 느끼게 하여 음악을 교정해 갔다. 때로는 이 훈련 과정이 힘들어서 피아노를 주먹으로 내리치면서 울음을 터뜨리는 등, 힘들다는 내색을 하기도 했지만 상후는 금세 언제 그랬냐는 듯이 피아노를 다시 사랑하는 모습이었고 피아노에 대한 특별한 애착을 갖는 그런 녀석이었다. 상후와 치료사인 나, 그리고 상후 어머니의 노력은 하나의 삼각대가 되어 끈기와 인내 끝에 '발달장애 피아니스트'라는 이름이 붙을 정도로 이제는 피아니스트의 꿈을 꾸는 아이로 변화시키게 되었다. 상후의 피아노 소리를 들으면 사람들은 극찬을 아끼지 않는다. 아픔을 극복하고 만들어 낸 음악이라 더 아름다운 소리일 수 있고 사람들에게 감동을 줄 수 있는 것 같다. 이것은 끝이 아니라 시작이었다. 새롭게 태어난 상후를 나는 세상에 점점 알리기 시작했다. 왜냐하면 대부분의 발달장애 아이들을 보는 사회적 시각은 아직도 아무것도 못하는 자, 부적응자로 결론 내린다. 그리고 문제에 촛점을 맞춘다. 보석인지도 모르고 지나가는 경우가 많다. 그런 의미에서 이제는 숨겨진 보석 같은 아이들에게 꿈을 갖게 하고, 무엇이든 잘 할 수 있는 것을 발견해 주어 사회에 평등하게 적응할 수 있도록 도와주는 역할을 누군가는 해야 한다고 생각했다.

발달장애 아동으로 구성된 레인보우 어린이 음악밴드 아이들 중에는 상후 같은 인재들이 발굴되고 있다. 최근에는 자신의 음악적 재능을 잘 훈련받고 성장시켜 예원학교 작곡과를 합격한 친구도 있어 사람들에게 놀라움을 전해 주고 있다. 음악의 힘, 음악치료의 과정을 통해 사회에서 소외되었던 발달장애 아이들이 세상과 소통할 수 있도록 꿈을 꾸게 하고 결국 이루어 내는 그 뜻깊은 일을 지금 이 순간 음악치료사인 내가 할 수 있었다는 것이 너무도 감격스럽다.

가슴으로 품고 가슴으로 낳은 피아니스트의 상후야…….

널 알리고 싶다. 널 자랑하고 싶다. 아프기에 더 아름다운 꿈을 꿀 수 있어. 사랑한다!

김명신 음악치료사는

숙명여자대학교 음악치료대학원에서 석사
학위를 받았고, 현재 동 대학원 박사과정
에 재학 중이다. 2007년부터 현재까지 서
울특별시 어린이병원 음악치료사로 약 7년
간 근무하고 있으며, 숙명여자대학교 음악
치료대학원 인턴강사로 일하고 있다.

아동-이야기 3

함께 그 길을 가고 싶지 않으세요?

남진이

음악치료사 자격을 취득한 지 어느덧 18개월이라는 시간이 흘렀다. 그간 나에게는 많은 것을 아이들과 연결지어 생각하는 버릇이 생겼는데, 임상 18개월 차로서 지난 시간들을 회상해 보니 18개월 즈음 된 아이의 모습이 제일 먼저 떠올랐다. 음악치료사로서의 임상 18개월이라는 시간은 신생아가 18개월의 유아로 자라기까지의 급격한 성장만큼이나 내게 폭풍 같은 변화를 준, 더 정확히는 꿈을 이루어 준 시간이라는 것을 깨닫게 되었다.

2005년, 학부 2학년 '음악치료학' 교양수업과의 운명적인 첫 만남, 그리고 소아신경외과 의사인 프레드 엡스테인(Fred Epstein) 박사의 『내가 다섯 살이 되면(If I get to five: What children can teach us about courage and character)』이라는 책과의 만남을 통해 나는 아동을 위한 음악치료사의 꿈을 꾸기 시작했다. 하지만 당시 우리나라에는 음악치료가 보급된 지 얼마 되지 않은 시기였고, 주위에 음악치료를 공부하는 사람이 없었기 때문에 직접적인 조언을 얻기도 어려웠던 매우 낯설고 막연한 분야였다.

당시 나는 그렇게 막연하게 음악치료사를 꿈꾸면서, 아동·청소년에게 음악교육을 넘어서 예방 차원의 음악치료를 하게 된

다면 이 사회가 조금은 더 건강하고 밝아질 수 있을 것이라 믿었
다. 그리고 이 일을 직업으로 삼고 싶은 마음이 강력하게 들었
다. 또한 엡스테인 박사의 책을 보며, 병원에서 지내는 이 땅의
수많은 꿈나무 어린이들을 위해 내가 공부한 피아노를 가르치며
꿈과 희망을 심어 주는 봉사활동을 하는 꿈을 꾸었다. 당시 나의
지도교수님이셨던 숙명여대 음악대학 전혜수 교수님께서도 10년
뒤에는 그 일을 꼭 함께하자고 약속하시며, 제자의 꿈을 응원해
주셨다.

2014년, 그로부터 9년이 지난 지금 준재활의학과 아동발달연
구소 음악치료사로서 특별한 도움이 필요한 수많은 아이를 만나
면서 음악교육을 넘어 예방 차원의, 그리고 치료 차원의 음악적
관계를 맺고 있고, 동시에 우리 병원의 수많은 꿈나무 어린이들
에게 피아노를 가르치며 꿈과 희망을 심어 주는 일을 봉사활동
이 아닌 직업으로 일하고 있다. 정말 놀랍게도 꾸었던 꿈들이 그
대로 이루어진 것이다.

나의 꿈과 가장 가까운 곳에서 동고동락하며 지내고 있는 우
리 아이들을 소개하자면, 출생과 관련하여 그리고 그 밖의 수많
은 원인과 사연으로 인해 태어나면서부터 장애를 갖게 된 아이
들도 있고, 건강하게 잘 자라다가 정상발달과는 다른 양상을 보
여 유아기에 진단을 받고 병원과의 만남을 시작하게 된 아이들
도 있다. 아이들의 모습과 병력은 이처럼 제각기 다르지만 내게
이 아이들은 하나의 이름, '꼬마 천사들'이다. 늘 보고 싶고 생각
만 해도 절로 미소 지어지는 존재들이기 때문이다.

이 꼬마 천사들과 나의 음악치료 이야기는 한 권의 책으로 치자면 '프롤로그'에 해당된다고 생각한다. 내가 이제 막 임상 18개월에 들어선 치료사이기 때문이다. 하지만 길지 않은 시간동안 우리는 많은 것들을 교감했고, 언어가 없이도 통했다. 이것이 바로 음악이라는 매개가 치료적 중재로 사용될 수 있는 가장 큰 이유일 것이다. 우리 아이들의 상당수는 전반적 발달이 늦고 기본적인 언어적 의사소통에도 어려움을 갖고 있지만, 음악은 이러한 발달 수준을 넘어 사람의 정서를 터치하며 언어가 없이도 음악이라는 독특한 방법으로 상호반응을 이끌어 내는 신비한 힘을 지니고 있다.

이 꼬마 천사들과 함께하는 음악치료 시간 중 참으로 설레는 시간은 매우 적은 발성, 발화를 보이는 아동이 나의 노래 소리를 따라 소리를 내려는 시도가 늘어나거나 자발적인 발성, 발화의 증가를 보일 때다. 또한 아동이 악기연주에 몰두할 때, 내가 제시하는 음악적 요소들에 반응하며 웃을 때 그리고 달려와 안길 때도 참 설렌다.

어느 정도의 자기표현 능력과 이해력을 가진 아동들과는 노래 대화하기(song communication), 노래 만들기(song writing) 등의 기법을 통해 보다 심리적 · 정서적 차원에서 아동의 이슈와 만나고 해결방법을 함께 모색해 보기도 하는데, 이때는 치료실 한가득 아이의 눈물로 채워지기도 하고, 웃음꽃이 만발하기도 한다.

최근 지적장애 아동 민수(가명)와의 노래 대화하기 중에 재미있는 일이 있었다. '안녕하세요/반가워요/(   )/라랄라랄라/노

래해요/(   )'라는 노래에서

빈칸에 서로에게 궁금한 것을 넣어 노래하던 중, 회진 중이시던 병원장님이 음악치료실에 들어오셨다. 우리는 원장님께 궁금한 것을 노래로 물어보기로 했다. 원장님은 환한 미소로 민수를 바라보고 계셨고 민수는 "원장님, 그런데 진짜 의사예요?"라며 노래로 질문했다. 우리는 모두 웃을 수밖에 없었다. 우리 아이들은 이처럼 순진한 질문들로, 따뜻한 동심으로 어른들을 웃게 하기도 울게 하기도 한다.

『아동기의 철학(The philosophy of childhood)』에서 개러스 매슈스(Gareth Matthews) 박사는 "순진한 질문에 친숙해지는 법을 배우는 일은 철학을 잘하는 데 중요한 부분이다"라고 말한다. 이는 아동을 위한 음악치료사로 일하는 데 있어서도 참 중요한 부분일 것이라 생각한다. 그런데 그렇게 눈높이를 낮추고 아동에게 맞추어 갈 때, 그들의 맑은 동심이 또한 치료사의 마음과 영혼 그리고 음악에 반영되니 이 얼마나 서로에게 고마운 일인지 모르겠다.

연령과 장애의 유형을 떠나서 모든 클라이언트들에게 필요한 것은 성장과 발달일 것이다. 음악치료를 포함한 모든 치료가 목표하는 것 역시 클라이언트의 성장과 발달, 즉 성숙을 돕는 것이다. 이를 위해 음악치료사는 음악과 '더불어' 클라이언트와 관계를 맺으며 치료적 목적을 달성해 나아가야 한다. 이는 자기표현이나 신체기능의 향상을 돕는 것일 수도 있고, 심리적 안정을 지원하는 것일 수도 있으며, 조금이나마 더 '살맛 나도록' 동기를 부여하는 차원의 것일 수도 있다.

　이러한 목적으로 나는 우리 아이들과 더불어 오늘보다 내일, 조금 더 노래하고 조금 더 웃고 조금 더 행복을 느끼는 음악치료 시간을 만들고자 한다. 이러한 즐거운 경험과 행복한 추억들이 쌓일 때 우리 아이들은 매일의 시간 속에 조금 더 안정감을 갖게 되며, 아이가 행복해지면 부모님도 치료사도 더불어 보다 희망적인 내일을 기대하게 되리라 생각한다.

　소아재활 음악치료사로서 꿈꾸는 '내일의 희망'은 '재활(再活)' 그리고 '재활(在活)'이다. 전자의 사전적 의미는 '다시 활동함' '장애를 극복하고 생활함'이라고 정의되며, 후자는 음악 용어 'vivace(활기 있는)'와 같은 의미가 된다. 아동 음악치료사로서 나의 역할은 단기적으로는 이처럼 우리 아이들의 재활(再活)과 재활(在活)을 지원하고, 장기적으로는 그들의 꿈과 희망을 가질 수 있도록 돕는 것이라 생각한다.

　이 책을 통해 음악치료사를 꿈꾸는 많은 선생님이 꿈에 한 발짝 더 다가서게 되기를, 그리고 우리나라에 훈련된 음악치료사들이 더욱 많이 배출되어 보다 많은 어린이가 음악치료를 경험할 수 있게 되기를 바란다. 마지막으로 음악치료사로서의 에필로그에 마침표를 찍는 날, 음악치료가 더욱 널리 소개되고 성장해 있기를 기대하며 응원하는 마음을 담아 나의 첫 프롤로그에 마침표를 찍고자 한다.

남진이 음악치료사는

숙명여자대학교 음악대학을 졸업하고 숙명
여자대학교 음악치료대학원에서 석사학위
를 받았다. 사단법인 아이코리아 아동발달
교육연구원, 서울특별시 어린이병원 등의
음악치료사로 일해 왔고, 현재는 서울 성북
구에 소재한 준재활의학과에서 소아 재활
을 돕는 음악치료사로서 일하고 있다.

아동-이야기 4

아동, 부모와 함께 성장하는 음악치료사

박지은

아동을 좋아했고, 피아노를 좋아했던 나는 자연스럽게 음악치료사의 길로 접어들었다. 음악치료는 참으로 독특한 것 같다. 예술을 과학의 그릇에 담은 것도 그렇고, 무엇보다 음악으로 아동들과 소통하고 상호작용하는 것은 아동들과 나에게 큰 행복을 주며 변화를 가져오기 때문이다. 어린 시절 5살, 피아노가 무조건 좋아 시작했던 것이 전공으로 이어졌으나 음악치료 과정 속에서 아동들과 상호작용하는 음악적 경험은 피아노를 혼자 치며 즐거움을 느꼈던 경험과는 또 다른 차원이었다. 음악 속에서 아동들과 상호작용하며 즐거워하는 모습을 보며, 음악치료사라는 직업을 갖게 된 것은 큰 행운인 것 같다는 생각을 한다.

2002년 석사과정을 졸업한 후 대학부설연구소에서 음악치료사로 임상을 시작했다. 대학부설연구소라는 성격으로 인해, 장애아동뿐만 아니라 심리적으로 문제가 있는 일반아동까지 다양한 임상군을 경험하게 되었다. 임상 초기에 심리적인 어려움을 겪고 있는 아동들과의 만남은 나에게 많은 고민을 안겨 주었지만, 임상에 대한 많은 생각과 공부를 할 수 있었던 시기이기도 하다.

음악은 아동들의 성장에 큰 도움을 주고 있음을 경험하게 된다. 또한 임상을 통해 알게 된 것은 아동들을 변화시키는 것은 그들의 불안을 이해하고, 행동의 원인을 이해했을 때 가능하다는 것과, 신뢰감과 안정감 속에서 아동들은 스스로 탐색하고, 상호작용하며 성장해 나간다는 것이다. 실제로 정서 조절은 문제행동을 감소시키는 데 주효한 요인인데, 정서를 조절하지 못한다는 것은 결국 불안을 다룰 수 없다는 것을 뜻한다. 그렇기에 아동들의 충동적이거나 미숙한 행동, 공격적이거나 의존적이고 위축된 행동들은 바라볼 때 그들의 불안을 함께 고려해야 치료가 가능할 수 있음을 알 수 있다.

이는 심리적으로 문제가 있는 아동뿐만 아니라 장애아동들에게도 적용된다. 장애아동들의 경우에도 불안자극은 일반아동들과 다르지 않고, 또한 불안자극의 양상은 장애아동들의 발달을 지연하고 있기 때문이다. 그래서 심리적인 문제를 가지고 있는 아동들이나, 장애아동들의 변화의 시작은 음악 속에서 아동들의 불안을 이해하고 상호작용을 시도하여 신뢰감을 구축하였을 때 가능하다고 생각된다. 이때 아동들은 치료사를 믿고 더욱 많이 표현하게 되며, 이에 대한 긍정적인 피드백(음악적 보상, 치료사의 반영적 기법)은 아동들 자신에 대한 믿음을 형성하게 되고, 이를 통해 자신의 정서를 조절하여 환경을 보다 적극적으로 탐색하며, 대처기술과 자원을 형성할 수 있게 된다고 생각한다.

특히 음악적 상호작용은 언어 그 이상의 상호작용으로 보다 깊은 정서적 교류를 촉진, 공감해 줄 수 있기 때문에 깊은 정서적 친밀감을 형성시켜 준다. 그렇기에 음악 안에서의 긍정적 · 정서적 경험은 아동에게 자신과 타인에 대한 신뢰감을 증진시켜 주고 이를 통해 불안을 다룰 수 있는 힘과 대처능력을 형성시켜 준다고 생각한다.

아동들과 치료를 하면서 아동에 대한 이해와 음악의 치료적 요인도 중요하지만 부모와의 상담 역시 무척 중요하다는 것을 경험한다. 부모의 저항을 최소화하면서도 아동에게 필요한 말을 해야 하는 까다로운 작업이지만, 이 과정이 함께 있어야 아동의 성장이 일어나기 때문이다. 치료를 진행하다 보면, 아동들이 원하는 욕구와 부모들이 원하는 욕구는 다르다는 것을 경험한다. 이때 치료사는 아동과 부모 모두와 협력해야 하는데, 치료사가 이 둘의 마음을 이해하고 있을 때 비로소 협력할 수 있고, 그 관계가 성장하기 때문이다.

장애아동의 부모 중에는 자신의 아이가 장애 진단을 받은 것에 대해 받아들이지 못하고, 아동의 학업적·인지적 능력을 빨리 올려놓아야 한다고 생각하는 경우가 있다. 물론 인지적 능력을 증진시키는 것 역시 중요하지만, 그것에 대한 요구가 지나쳐 정서적 문제가 발생하였을 때는 다르게 적용되어야 한다. 은호(가명)는 경계선 지능을 가진 아동이었으며, 원형탈모증과 불면증, 야뇨증세를 보였다. 어머니의 완벽주의와 높은 기대치 때문에 아동에게 학업을 무리하게 시키고 있었고, 선택권을 주기보다는 어머니의 기준에 따라 행동을 하도록 하는 경우가 많았다. 이로 인해 아동의 자아존중감은 낮았으며, 무기력증에 빠져 있었고 아동과 어머니의 관계는 많이 악화되어 있었다. 부모와 상

담을 했을 때는 부모의 불안을 수용해 주면서도, 아동을 다른 시
각으로 볼 수 있도록 제시하였다. 그리고 학습과 관련된 치료는
당분간 중단하도록 한 후, 아동의 원형탈모증 증상이 없어지고,
정서가 안정된 이후 다시 시작할 수 있도록 권유하였다.

　은호에게는 스스로 선택하고 그것에 대한 피드백을 통해 자아
존중감과 자발적인 동기를 형성시켜 대처능력을 증진시키는 것
이 가장 중요하다고 생각했다. 치료를 하였을 때, 치료 초기 은
호는 내 눈치를 보느라 나의 행동과 음악을 따라하기에 급급하
였고 또한 경직되고 제한된 음역(도~미) 사이에서 연주하는 모
습을 보였다. 그래서 아동의 행동을 음악적·비음악적으로 수용
해 주거나 구조적이고 안정된 리듬의 패턴 속에서 편안함을 느
끼도록 하였고 이후 점차 아동이 자발적으로 표현할 수 있도록
도와주었다. 치료가 진행되면서 은호는 비언어적 표현을 자유롭
게 하였고(경직되었던 피아노 음색은 부드러워졌고, 한정되었던 소리
의 크기나 음역대는 다양해지기 시작했으며, 목소리로 자신을 표현하
는 횟수도 증가되는 모습을 보임), 이에 따라 불안이 감소되기 시작
하였으며, 정서적으로 안정된 모습을 보였다. 실제로 은호의 원
형탈모증, 불면증은 감소되었고 치료사와의 음악적 관계에 있어
적극성을 갖고 대화를 시도하고 창의적으로 표현하는 모습을 보
여, 자아가 증진되고 안정감이 형성되는 것으로 보여 학습과 관
련된 치료를 시작해도 좋을 것이라 제안하였다. 이후 은호는 점
차 엄마에 대한 감정을 이야기하며 정서를 다루기 시작하였고,
부적정서가 해소되면서 이후에는 엄마와의 관계도 회복되는 것

을 보았다.

4년간 은호를 치료하였는데, 초기에 보였던 증세는 없어졌다. 증세가 없어진 이후에도 치료는 계속 진행되었는데, 은호에게 있어 큰 변화는 무엇보다 음악적 관계를 통한 자아존중감 형성으로 자신이 취약하다고 여기는 인지 영역과 친구들과의 관계 형성에도 관심을 갖으며 스스로 해 내려는 조절능력과 대처능력을 형성시켜 주었다는 데 있다. 어머니 역시 변화가 있었는데, 초기에는 아동이 인지적으로 떨어지는 것을 인정하기가 어려워 조바심에 많이 다그치기만 했지만, 치료를 하면서 아동을 이해하게 되는 경우가 많아졌으며, 그로 인해 자신의 욕심도 많이 내려놓게 되었고 아동을 믿고, 교류를 시작할 수 있게 되었다고 하였다.

민희(가명)는 초등학교 5학년 여자아이였다. 부모가 맞벌이를 하여, 남동생은 부모가 키우고 민희는 친가에서 7살 때까지 자랐다. 아이가 학령기가 되자 본인들이 키워야 한다는 생각에 아이를 데리고 왔으나, 그때부터 문제가 발생했다. 엄마는 자신과 딸 아이의 성격이 맞지 않는 것 같다고 하였으며, 아이가 별난 것 같다고 하였다. 그 아이는 ADHD와 우울을 함께 가진 외현화 · 내면화 복합장애의 진단을 받았다. 아동은 치료실에 들어와서 아리랑을 부르기 시작하였는데, 그 노래 속에서 아동의 '한'을 느낄 수 있었다. 아동이 부르는 노래에 피아노로 지지해 주고, 아동이 자신의 감정을 노래로 표현하고 승화할 수 있도록 하였으며, 즉흥연주를 통해 자신의 감정을 투사하도록 하였다. 민희는 즉흥연주 속에서 심벌즈 소리를 연주하며 '잘난 척하는 소리' '동생 소리'로 표현하며, 동생에 대한 감정을 표현하였다. 할아버지 집에서 지내다 부모님 집에 갔을 때 아동은 자신을 손님으로, 동생을 주인으로 느꼈고, 동생과 싸우면 동생은 엄마에게 가서 위로를 받았지만, 민희는 책을 보며 감정을 참았어야 했다. 엄마에게 위로를 받은 동생은 먼저 누나에게 사과를 하게 되었는데, 이러한 모습을 보고 엄마는 동생은 성격이 좋으나, 민희는 이상한 아이라고 이야기했다. 이러한 일련의 사건들로 민희가 느껴야 했던 동생에 대한 감정(잘난 척하는 소리)을 치료실에서 그대로 재현했던 것이다. 더욱이 아동이 부르는 노래에서 느끼는 '한'이 어머니의 감정을 건드려서, 엄마는 민희가 아리랑을 집에서 부르지 못하도록 하였기에, 악순환의 연속이었다. 우선 어머니의 마음을 수용한 후, 민희의 행동을 이해시켜 주었으며, 민희가 부르는 노래가 왜 힘든지 이야기를 하였다. 이후 민희는 집에서도 '아리랑' '날 좀 보소' 등의 민요를 부를 수 있었으며, 치료실 상황에서는 민희가 느끼는 감정을 '홀로 있는 거인'과 같이 자신의 감정을 투영할 수 있는 자작곡을 만들어 보기도 했다. 감정이 해소되면서 민희가 노래를 부르는 음색은 변화되었으며 자신의 감정이 안정되면서부터 친구들과 긍정적으로 관계를 형성하려고 시도하는 모습을 보여 주었다.

때로는 부모-아동이 함께 상호작용하는 음악치료를 통해 어머니에게 아이에 대한 민감성을 증진시키고 관계의 친밀을 경험하도록 해 주는 것이 효과적일 때가 있다. 엄마와 아빠는 지석(가명)이 이상한 것 같다고 치료실에 데리고 왔는데, 아이가 6살 아이답지 않게 조숙하고, 엄마에게 논리적으로 따지듯이 이야기하며, 유치원에서 친구들에게 자주 자신의 물건을 뺏긴다고 하였다. 엄마와 함께하는 상호작용 패턴을 보니, 엄마와의 애착이 형성되어 있지 않은 상태에서 아이와 놀이하기보다는 가르치려는 행동을 하였고, 또한 엄마가 아이에게 경쟁을 하는 모습이 보였다. 엄마가 따지듯이 이야기하니, 아이 역시 논리적으로 대처할 수밖에 없는 상황이 보였다. 음악 속에서 아동과 엄마가 상호작용을 할 수 있도록 프로그램을 제시했을 때, 3주 후 아이는 엄마에게 안기며 '사랑한다'고 말을 했다. 이러한 상황을 엄마는 무척 당황해했다. 나는 엄마가 음악활동 속에서 민감하게 아이와의 관계를 형성할 수 있도록 도와주었고, 아이는 음악 속에서 엄마와의 관계가 친밀해지면서 자신감이 형성되었다. 이때 잠시동안은 동생에게 화를 내며 무조건 자기 것이라고 하는 등의 퇴행된 모습을 보이기도 했지만, 금세 자신의 패턴으로 돌아와 생활 속에서 자신의 것을 정당하게 요구하면서도 동생을 배려하는 등 상호작용하는 모습을 보여 주었다. 이전에는 엄마에게 혼날까 불안하여 무조건 동생에게 양보하며 가짜로 착한 행동을 했다면, 치료 이후에는 조절된 모습을 보이게 된 것이다. 엄마 역시 변화된 모습을 보여 주었는데, 처음에는 지석이가 안겼을 때 이상하다고 생각하고 접촉을 회피하려 했으나, 점차 그러한 모습을 자연스럽게 받아들이게 되었고, 엄마가 아이를 이겨야겠다고 생각하며 논리적으로 따지는 것이 아니라, 소통하는 모습으로 변화하게 되었다.

　10년 이상 아동과 함께했던 시간들이 지나간다. 타인과의 교류를 하지 않고 자신만의 세계에 고립되었던 발달장애 아동이 음악을 듣고 소통을 시작하였던 모습, 자신의 불안과 부정적인 생각을 외부로 표출시키며 과잉행동을 했던 ADHD 아동이 자신의 상상력과 느낌을 음악 속에서 창의적으로 표현하며 즐거움을 느끼게 되면서 정서가 안정되고, 또한 다양한 음악활동의 구조 속에서 주의를 집중하고 규칙을 지켜 나가게 되는 모습을 보여 주기까지……. 아동들의 조그마한 변화에 민감하게 반응하며 조율해 주었을 때, 아동들의 변화는 일어난다고 생각한다. 아동과 함께하며 때로는 웃었고, 때로는 고민하였고, 때로는 주는 것 이상으로 받는 것에 감사했다. 아동과 부모님들, 그리고 음악과 함께 치료사로서 지금 현재도 성장해 나가고 있음을 느낀다.

♪ 박지은 음악치료사는

숙명여자대학교 음악치료대학원에서 석 · 박사학위를 받았다. 수원여자대학교 아동교육정보연구소에서 음악치료사로, 숙명여자대학교 음악치료대학원 강사로, 늘푸른 음악치료센터 소장으로 근무하였다. 현재 숙명여자대학교 음악치료센터에서 책임연구원으로 일하고 있다.

그냥 좋아서…… 마냥 좋습니다!

박지선

"취미가 뭐예요?"

"음악 좋아해요."

마치 어느 미팅 장소에서 주고받는 대화 같아 보이지만, 스스로에게 묻고 대답해도 비슷한 대화가 오고간다. "너는 뭘 좋아하니?" "어떻게 음악치료사가 되었니?" "왜 음악치료사를 하니?" "으음~ 음악이 좋아서!"

유년 시절 내 몸보다 큰 삼촌의 기타를 메고 코드도 맞지 않는 반주소리에 유행하던 가수의 노래를 따라 부르던 기억이 있다. 초등학교 시절에는 그렇게 피아노를 배우고 싶어서 종이 피아노에 손가락을 맞춰 보면서도 즐거웠고, 내 피아노가 생겼을 땐 세상을 다 가진 듯 벅차고 좋았다. 어른들이 넌 꿈이 뭐냐고 물으시면 선생님이라고 대답했던 나의 꿈은 언젠가부터 피아노 선생님이 되었고 피아노를 잘 치고 싶던 때도 있었다.

그렇지만 돌이켜 보면 음악을 하면서 좋았던 기억만 있는 건 아니다. 음악이 좋았고 피아노가 좋았지만 영화 〈아마데우스〉를 보면서 천재 모차르트를 향한 살리에르의 갈망과 부러움 가득한 마음이 더 와 닿고 가슴 아파 눈물짓기도 했다. 피아노를

잘 치고 싶었던 바람은 유치원 교사를 하면서 다르게 다듬어져
갔다. 음악에 맞추어 꼬물꼬물 움직이는 어설픈 몸동작에 박장
대소하며 기뻐하고, 피아노 반주에 맞추어 목을 빼고 자신들이
낼 수 있는 가장 예쁜 소리로 노래 부르는 아이들의 천사 같은
모습에 젖어 음악과 함께 뛰어 노는 아이들과 마냥 웃으며 행복
했다.

　그러던 중 숙명여대 음악치료대학원에서 하는 유치원 교사 연
수를 듣게 되었고, 이것이 음악치료와의 첫 만남이었다. 신선한
충격이었지만 용기가 필요했다. 관심은 있었지만 확신은 없었
다. 교육이 익숙한 나에게 치료는 낯설고 힘들어 보이기까지 했
다. 음악치료를 하면서 '내가 좀 더 먼저 알았더라면 그 아이들
을 도와줄 수 있었을텐데……' '그 아이들도, 우리 반 아이들도,
그리고 나도 더 행복하게 잘 지낼 수 있었을텐데……'라는 안타
까움이 많이 든다. '지금 아는 걸 그때도 알았더라면……'라는 생
각도 들지만 그때 나는 어렸고 인생에서도 미숙한 어른이었고,
교사로서도 햇병아리 초보였음을 인정하게 된다. 그래서 나에게
통합 어린이집이나 유치원에서, 특수학급에서 그리고 특수학교
에서 아이들과의 만남은 더욱 큰 의미가 있고 부족했던 나를 이
해하고 보듬어 주게 되는 과정이기도 하다.

　소리 한 번 내지 못하던 아이가 노래에 맞추어 "어"라는 소리
를 낼 때 보조 선생님과 눈을 마주치며 너무 놀라고 신기해하며
기뻐했고, 자기 자신도 무슨 감정인지 어떤 에너지인지 모른 채
스스로도 어쩔 수 없다는 듯 책상을 두드리고 바닥을 뒹굴며 그

어떠한 힘으로도 통제되지 않던 아이가 음악의 리듬에, 음악의 구조에 맞추려고 자신을 스스로 조절하며 악기를 연주하고 강약을 조절하며 점점 소리에 몰입해 갈 때 그 순간의 감동과 가슴 벅참은 형언할 수 없을 정도다.

한 통합 어린이집의 6세 반에 다니는 철이(가명)는 평소에는 말도 못하고 어리숙하고 집단활동 시간에는 자리에 앉아 있지 못하던 아이였다. 기타 소리에 빠져 손가락을 입에 문 채 침을 흘리며 바라보던 철이를 같은 반 친구들은 "으힛, 침" 하며 한참 어린 동생 바라보듯 했다. 다행히 동그란 얼굴에 순한 철이는 아이들에게 크게 외면 당하지 않고 여자아이들이 마치 동생 대하듯 손을 잡고 다녀 주고 일어나려고 하면 끌어당겨 앉혀 주기도 하였다. 이처럼 철이는 세세한 돌봄이 필요한 아이였다. 그러나 음악치료 시간에 철이는 혼자서는 아무것도 할 수 없는, 누군가의 도움이 필요한 아이가 아니었다. 리듬악기를 모방하여 연주하는 것뿐 아니라 혼자서 멜로디를 만들어 내며 연주하는 철이에게 아이들은 "우아~ 철이도 잘하네요"라며 친구들의 관심을 받는 아이가 되었다. 그리고 음악을 함께 연주하면서 타인과 소통을 하기도 했다.

특수학교에 다니는 혁이(가명)는 얼굴이 하얗고 자폐 성향이 강해 유독 숫자와 기계에 관심이 많은 아이였다. 명사 중심의 단어로 마치 로봇 같이 말을 하고 글도 쓸 수 있지만, 혼자만의 세계에 빠져 있는 듯 사물을 관찰하거나 들은 말만 그대로 따라하는 반향어를 사용하며, 촉감이 예민해 남이 닿는 것도 꺼려 하는 아이였다. 항상 일정 거리를 유지하며 앉은 채로 악기를 연주하고 자신이 좋아하는 노래만 부르던 혁이와 의사소통을 시작한 건 노래방 기계와 엘리베이터를 이용한 노래 만들기 작업을 통해서였다. 집에서도 노래방 기계를 틀어 놓고 혼자 노래를 부르는 혁이와 노래방 놀이를 시작했다. 노래방 기계처럼 좋아하는 목록을 만들어 마치 기계를 누르듯이 번호를 누르고 함께 노래를 부르며 악기를 연주하기도 하고 함께하는 놀이 상황에서 "다음은 어떤 노래를 부를까?"라고 질문하면 "1번 솜사탕"이라며 대화가 이루어지기 시작했다. 그리고 엘리베이터 도착하는 "띵~동" 소리를 악기로 표현해 주자 부쩍 피아노 옆 나의 자리에 다가와 "1, 2, 3, 4, 5, 6, ……"라며 한 층 한 층 올라가는 숫자를 노래로 부르고 둘이 함께 어깨를 들썩이며 눈과 호흡을 맞추고 엘리베이터가 도착하면 내 손을 잡아끌어 건반에 가져다 대며 손가락으로 "띵~동" 음을 눌렀다. 그렇게 혁이와 나는 조금씩 눈을 마주치고, 손을 잡고, 말을 주고받을 수 있었다. 음악 안에서 함께 호흡을 맞추고 눈을 맞추고 같은 곳을 바라볼 수 있었다.

지금도 나는 선생님이라 불리고 음악치료사라 말한다. 처음에 시작한 선생님이라는 이름으로 영유아에서부터 대학생, 나아가 아이들의 학부모까지 다양한 사람들을 만났다. 그렇게 유아교사를 할 때도 즐겁고 행복했지만 음악치료를 만나게 되면서 더 넓은 세상과 만나게 되었다. 더 많은 사람과 더 많은 경험을 하게 되었고, 더 깊은 생각과 더 넓은 이해를 하게 되었다. 그러면서 조금씩 조금씩 더디지만 나 자신 또한 성장해 가고 있음을 느낀다. 우리 아이들처럼 혼자서는 부족하지만, 음악이 있고, 음악을 함께하는 철이, 혁이와 같은 아이들이 있어 함께 맞추어 갈 수 있고 나아갈 수 있음을 느낀다. 음악만을 하기보다 내가 있고, 음악이 있고, 음악을 함께할 수 있는 사람들이 있어서 음악을 더 좋아하게 되고 음악에 더 감사하게 된다. 음악치료를 할 수 있어 기쁘고 행복하다. 음악으로 함께 할 수 있는 그 무언가가 있고 음악으로 함께하면서 더 행복해질 수 있어서, 지금도 나는 음악이 마냥 좋다!

♪ 박지선 음악치료사는

숙명여자대학교 음악치료대학원에서 석사학위를 받고, 박사과정을 수료했다. 동 대학 음악치료대학원 임상실습강사였으며, 현재 통합 유아교육기관, 특수학교 및 연세신경정신과 연세아동치료연구소에서 음악치료사로 일하고 있다.

"꽃들에게 희망을"

김소진

여섯 살이 되던 해, 나는 친구의 집에서 동글동글하고 맑은 소리를 내는 피아노를 접하면서 음악에 대한 동경과 함께 음악인으로서의 꿈을 키우며 자랐다.

음악치료에 대한 첫 기억은 1980년대 초 음대 재학 시절, 미국에서 음악치료사가 양성되고 있음을 알게 되었고 나는 음악치료라는 단어에 매료되었다. 나의 마음속에서 들리는 소리, 인생의 과정에서 하고 싶은 의미 있는 일, 그것은 바로 음악치료였다. 그 이후 오랜 시간이 지나고 1998년 숙명여대 음악치료대학원에서 음악치료를 만나게 되었다.

현재까지 나는 15년이라는 세월 동안 음악치료와 함께 긴 여정을 걸어왔고 현재 한국음악치료학회 음악치료사이자 미국 AMI협회의 GIM심상음악치료사(FAMI)로서 음악치료가 필요한 다양한 아동들과 청소년들을 만나 많은 시간을 함께하고 있다.

많은 경우, 치료사들은 치료 현장에서 또는 그 이후에 클라이언트의 긍정적인 변화를 경험하면서 큰 보람과 기쁨을 경험하게 된다. 나 또한 치료사로서 일하며 적지 않은 감동과 기쁨 그리고 보람을 경험하였다. 2012년 5월 26일 토요일 오후, 예쁜 여대

생이 된 지희(가명)가 본 음악치료실을 다시 방문했다. 선생님께 인사드린다며……. 지희는 대학 신입생이 되었고 대학 입학 후 전공과 관련하여 적응의 어려움이 있으나 잘 극복해 가고 있으며 즐겁게 대학생활을 하고 있다고 이야기해 주었다. 나는 지희의 웃는 얼굴에서 만족감을 볼 수 있었다. 지희는 3년 전 음악치료를 받기 위해 나를 찾아왔었다. 지희는 청소년기의 깊은 방황과 학습에 대한 스트레스, 목적의식의 불분명으로 학업 이탈 및 방황의 시기를 겪었다. 바로 그때 심리적 성장통을 겪는 지희의 마음을 받아 주고 열어 주는 것은 음악치료였다. 지희는 30회 이상 진행된 음악치료(GIM)를 통해 천천히 자신의 모습과 내면을 성찰할 수 있는 기회를 가졌고, 학생 신분으로서의 자신의 상황과 어려움을 인식하고 자신을 이해하며 심리적으로 어려움을 통합해 나가는 과정을 경험하였다. 다시 찾아온 따스한 계절, 어려웠던 시기를 극복하고 튼튼한 뿌리를 내리고 자란 나무처럼 웃으며 감사하다고 찾아온 싱그러운 여대생 지희를 보면서 나는 치료사로서의 감사와 보람의 향기를 느낄 수 있었다.

준하(가명)를 만난 것은 중학교 인성복지부와 연계하여 학교에서 학생들을 지속적으로 상담하고 집단 음악치료(GIM)를 제공하면서 부터였다. 준하는 서울 강남에서 학교를 다니다가 학업 부진으로 전학을 온 남학생으로, 늘 자신감이 없어 보이고 말이 없었다. 학업 부진과 함께, 성 정체성의 혼란, 무기력, 우울 상태를 보이며 학교생활 적응에 어려움을 보였다. 그 후 상담과 함께 음악치료를 제공받았고 치료사의 지속적인 격려와 수용에 준하는 자신의 마음을 보여 주는 깊은 대화를 나누게 되었다. 준하는 자신의 장점과 능력에 대한 새로운 인식이 시작되면서 점점 마음을 열고 자신의 진심을 보여 주었다. 특히 준하는 유독 음악치료 시간을 좋아했다. 한 학기가 지나고 상담교사가 학생들에 대한 평가 시간을 갖게 되었는데, 준하의 학습 태도와 참여도가 눈에 띌 정도로 많이 좋아졌고 과제 수행평가가 100점에 달하는 좋은 점수를 받게 되었다고 보고하였다.

위에 소개된 두 청소년들의 이야기는 치료 환경에서 경험할 수 있는 더 많은 감동과 보람된 이야기들 중에 작은 일부분일 수 있다. 그러나 삶의 흐름 속에서 잔잔하게 전해지는 클라이언트들의 이러한 긍정적 변화들이 나에게는 더 큰 기쁨과 감사의 마음으로 다가온다.

앞으로의 현대사회에서는 심리치료사, 상담가들의 역할이 더 부각될 것으로 전망되고 있다. 종교계에서 주로 담당했던 심리적 상담과 인생의 문제해결에 대한 상담도 앞으로 심리치료사들이 그 역할을 담당하게 될 것이라는 의견도 있다. 음악치료는 음악의 힘을 체계적으로 이용한 치료 방법으로 사람들에게 매력적으로 다가가고 편안하게 적용될 수 있다. 이렇게 음악의 힘을 알고 음악을 사랑하는 사람이라면 음악으로 사람들을 돕는 음악치료사의 길을 기꺼이 즐겁게 만나길 소망할 것이라 믿는다. 개인적으로 음악치료사의 길을 되돌아보면 보람되고 기쁘고 감동의 순간이 함께했다는 것을 알 수 있지만 전문성에 대한 끊임없는 노력과 클라이언트들에 대한 봉사의 마음과 섬김이 함께했던 길

이었음을 또한 인식할 수 있다. 수년 전 나의 어머님은 나의 음
악치료실을 방문하신 이후 늘 이렇게 말씀하신다. 클라이언트들
을 위해 봉사하는 마음으로 일하라고…….

김소진 음악치료사는
숙명여자대학교 음악치료대학원에서 석
사학위를 받았다. GIM심상음악치료사
(FAMI)이며, 심상음악치료 교육가(Primary
Trainer) 자격을 취득하여 국내의 GIM 훈련
생들을 지도하고 있다. 현재 아름다운음악
치료센터장을 지내고 있으며, 인천 가톨릭
대학교에 출강하고 있다.

함께 성장해 가는 친구들

이은선

처음 음악치료를 알게 된 것은 고등학생 때 선생님이 음악치료 기사를 보시고 내 생각이 났다며 오려다 주신 신문을 통해서 였다. 너무나 생소했던 음악치료에 대한 기사를 보며 '이런 것도 있구나……' 하고 지나쳤었다. 그러다 우연히 숙명음악치료센터의 콘서트를 참석하게 되었고 장애를 가진 아이들이 음악을 통해 변화하는 영상과 연주하는 모습을 보며 '바로 이것이 내가 해야 하는 일이구나, 내가 하면 잘할 수 있는 일이구나!'라는 깊은 울림을 받게 되었다.

그 울림을 따라 음악치료 석·박사까지 공부를 하게 되었고 임상현장에서 6년 이상 지속적으로 음악치료사로 일을 하고 있다. 음악치료는 나를 위해 만들어진 학문 같았고, 나를 위한 직업이 생겼다고 생각될 만큼 벅차고 감사하고 즐겁게 음악치료사로 하루하루를 보내고 있다. 음악치료사로 일을 하며 몸이나 마음이 아픈 소아청소년부터 성인까지 참 다양한 대상들을 만났다. 그 중 가장 역동적으로 성장하는 청소년 친구들과 함께했던 음악치료 이야기를 나누고자 한다.

내가 만난 사춘기에 속한 청소년들은(개인적인 이슈에 따라 반응이 다르긴 하지만) 자신의 이야기를 오랫동안 이야기해 본 적이 없어 소통의 문제가 많았고, 또래관계 또는 부모와의 문제가 있는 친구들이 대부분이었다.

그 원인을 살펴보면 어려서부터 공부와 학원의 바쁜 스케줄로 인해 친구들과 어울릴 시간이 부족하였으며, 시간이 지날수록 친구들을 사귀거나 대화에 끼기 어려워하여 세상과 단절된 것을 볼 수 있었다. 또한 부모와의 갈등, 이혼, 맞벌이로 인해 가정 안에서 적절한 사회기술을 배우지 못하여 대인관계에 어려움을 경험하고, 학교폭력 및 왕따로 인한 트라우마로 세상과 단절하는 친구들도 있었다. 이들에게는 자신의 이야기를 들어 주고 공감해 주며 세상과 다시 소통할 수 있도록 사회 기술을 하나씩 알려 주는 친구가 필요해 보였다.

이러한 친구들에게 음악치료는 최고의 친구가 되어 주었다. 유미(가명)는 공부를 잘하는 모범생이였으나 부모님의 이혼 후 여러 문제들이 나타나기 시작하였다. 화가 나면 무서웠던 아버지와 학교폭력에 시달리며 사람에 대한 두려움이 생기기 시작하였으며, 이러한 두려움은 학업 부진과 학교 부적응으로 인해 학교를 더 이상 다니기 어려운 상황까지 오게 되었다. 음악치료실에 처음 온 친구는 눈 마주침이 어렵고 손과 발을 떨며 불안한 모습을 많이 보였으며 매우 작은 목소리로 겨우 자신의 이름을 이야기했다.

유미는 회기가 진행되며 조금씩 자신을 찾아가고 표현하며 치료사와 소통하는 것을 해 나가기 시작하였다. 강하고 두려운 사람에 대한 트라우마로 인해 세상과 단절하고 살았던 유미에게 음악은 안전하고 좋은 친구가 되었으며 자신의 이야기를 마음껏 담을 수 있는 선물상자가 되어 주었다. 다양한 악기들에 자신의 감정을 담고 표현하는 즉흥연주는 기존의 학교와 사회, 가정에서 만든 규칙을 강요했던 것과 달리, 또 강한 대상에 의해 짓밟힌 자아에서 마음껏 표현할 수 있는 기회를 주었다. 물론 즉흥연주 초기에는 위축되고 눌려 있는 자아로 인해 표현이 어려웠으나 시간이 지남에 따라 자신의 소리를 표현하는 모습으로 바뀌어 갔다. 익숙하고 튀지 않는 악기를 선택하여 작은 소리로 연주하던 유미의 연주는 다양한 크기와 악기를 사용하여 다이내믹한 강도로 연주하는 모습으로 성장해 나갔다. 즉흥연주는 단순한 감정과 자아표현을 넘어 치료사와의 상호교류를 통해 소통하는 방법을 배울 수 있게 하였으며 유미는 그렇게 세상으로 조금씩 나올 수 있었다.

또한 유미와 청소년이 좋아하는 최신가요 중, 유미가 가지고 있는 이슈와 소통의 문제들에 대해 토의할 수 있는 노래를 골라 함께 듣고 토의하는 과정은 좀 더 구체적으로 문제해결과 대처 방안을 이야기할 수 있는 기회를 주었다. 이미 즉흥연주와 다양한 악기연주를 통해 마음이 열린 유미는 노래 토의에서 자신의 문제를 편안하게 이야기하며 다른 상담치료에서 말하지 못하였던 이야기들을 편안하게 나누는 모습이었다. 어른들은 자신을 이해하지 못하고 고리타분하다고만 생각하는 청소년들은 음악이라는 좋은 친구와 함께할 때 마음을 쉽게 열고 안전하다고 느꼈으며 충분한 공감을 경험하며 세상으로부터 나오기 시작하였다.

청소년들은 호르몬의 변화와 전두엽의 성장 과정으로 인해 다양한 감정 변화와 조절의 어려움을 겪기도 하고 ADHD로 인해 충동 조절이 어려운 경우도 있다. 보통 ADHD는 빠르게는 초등학교 때 진단을 받고 치료를 시작하기도 하지만 '커 가면서 괜찮아지겠지' 하며 지나치는 경우도 많다. 적절한 시기에 치료를 받지 못한 아이들은 초등학생 시절을 보내며 학교와 집에서 부정적인 피드백을 많이 받아 음악치료실에 올 때는 자존감이 매우 낮아져 의욕이 없고 우울한 모습이었다. 반대로 좋아하는 것 이외에는 아무런 관심을 두지 않고, 하고 싶은 것만 하려는 문제아처럼 보여 내원하는 경우가 있다.

이렇게 ADHD 청소년들에게 음악은 부정적 피드백이 아닌 음악이 가진 즐겁고 흥미 가득한 환경 안에서 자신의 에너지들을 쏟고, 음악이 가진 구조 안에서 점차적으로 행동과 분노를 조절할 수 있도록 도와주었다. 2년 동안 음악치료를 함께 했던 세현(가명)이는 초등학생 때 ADHD 진단을 받은 후 약을 복용하고 심리치료를 위해 1:1 음악치료를 진행하였다. 주의가 산만하여 한 자리에서 한 작업을 오래 유지하지 못했으며, 악기 연주 시 한 곡이 끝나기 전에 여러 악기를 산만하게 바꾸며 집중하지 못하였던 친구였다. 어려서부터 학교와 집에서 부정적인 피드백을 받아 왔던 세현이는 산만하고 시끄러워 겉으로 보기에는 우울감

이 있는 아이들보다 자신감이 넘쳐 보였으나 자신에 대한 평가
가 매우 부정적이고 음악적 작업에 들어가면 자신감이 없는 모
습을 보였다.

음악은 이러한 세현에게 마음껏 자신의 에너지와 분노를 표출
하고 받아 줄 수 있는 역할을 해 주었다. 세현의 산만하고 주체
할 수 있는 에너지는 항상 부정적인 피드백의 대상이 되었지만
드럼 및 북 종류의 악기를 연주하며 넘치는 에너지와 분노들은
음악의 일부분이 되어 표현 자체가 음악적 경험이 될 수 있었다.
자신의 소리와 에너지의 표출이 받아들여진다고 생각된 세현이
는 마음껏 자신을 표출하며 때론 맬럿(북을 치는 막대)이 부러지
기도 하였다. 적절히 표출하지 못하고 억눌려 있던 부정적 에너
지들을 표출한 후에는 오히려 생활에서의 분노가 줄어드는 모습
을 보였다.

또 음악치료의 경험은 규제와 언어적 제한이 없이도 음악이
가지고 있는 구조 안에서 연주를 완성해 나가며 자연스럽게 자
신의 행동을 조절해 나갈 수 있도록 하는 장점이 있다. 지속적으
로 표출작업을 해 나갔던 세현이는 이전에 비해 음악이 가진 구
조(재창조연주)에 잘 적응하며 연주하였다. 또한 이러한 연주 작
업은 곡이 완성되었을 때 세현에게 성취감과 자신감을 주어 평
소 경험하지 못하였던 긍정적인 피드백으로 삶에 대한 새로운
동기와 의지 그리고 할 수 있다는 에너지를 경험하도록 하였다.
세현이와는 종결 시 가족을 모두 초대하여 가족음악회를 열어
그동안 완성해 온 곡들을 연주하는 작업을 하였는데, 이로 인해

가족과 새로운 소통의 기회가 되었고, 세현이가 성장하고 무엇
인가를 해내는 모습을 온 가족의 지지와 응원 안에서 확인할 수
있는 시간이 되었다.

한편, 요즘 청소년들에게 대두되는 문제 중 하나는 바로 게임
중독일 것이다. 밤을 새워 게임을 하고 학교에 가지 못하여 자퇴
하는 친구들, 게임의 세상과 현실의 세상에서 혼란이 오기 시작
한 친구들, 게임 시간을 조절하지 못하여 부모와의 갈등이 심각
한 친구들…….

이러한 친구들과 음악치료를 하다 보면 대부분 외로움 때문에
게임을 시작한다는 것을 발견한다. 집에 아무도 없고 이야기 나
눌 대상이 없어서, 자신의 스트레스를 적절히 해소할 방법을 찾
지 못해서 게임을 하기도 한다. 또한 현실에서의 공부, 여러 가
지 부정적 피드백과는 달리 게임에서 경험하는 승리의 경험과
레벨의 상승으로 인한 성취감과 긍정적 피드백으로 인해 더욱
중독에 빠지기도 한다. 이들은 사랑과 관심이 필요한 시기에 너
무나 외로워 게임을 선택한 것이다.

무엇보다 이들에게는 게임보다 더 즐거운 경험이 필요했다.
모든 문화와 나이를 넘어 모두가 쉽게 공감할 수 있는 음악! 특
히 선호에 맞는 음악은 이들의 관심을 끄는 데 충분했으며 음악
으로 구성된 게임은 인터넷 온라인 가상게임에서 현실세계로 오
게 하여 치료사와 교류하며 즐거움을 경험하도록 도와주었다.
지훈(가명)이는 집에서는 컴퓨터로, 이동 시에는 핸드폰으로 게
임을 하며 하루 종일 게임 속에서 벗어나지 못하고 지냈다. 게임

에서 나오는 음악의 이야기로 시작된 음악치료의 첫 만남은 그
친구를 점차적으로 게임에서 게임 음악으로, 가수의 음악에서
'지금 여기'에서 함께 만드는 음악으로 변화를 주었다. 게임을 최
고의 친구로 생각하고 모든 것과 단절하고 살았던 지훈이에게는
게임에 대한 이야기와 게임 음악으로 천천히 다가가 관계 형성
에 성공할 수 있었고 조금씩 현실에서의 관계에 관심을 가지고
노력하기 시작했다.

회기가 지속되며 지훈이는 자신도 게임 시간을 조절하고 싶다
고 이야기 하였고 함께 생활 시간표를 만들어 가며 하루에 십 분
씩 게임 시간을 줄이며 부모님과 협력하여 음악심리치료를 진행
해 나갔다. 하루에 십 분 줄이는 것도 매우 힘들어 한 지훈이는
처음부터 성공하진 못하였지만 치료사와 부모, 지훈이가 함께
협력해 나가며 조금씩 변화하기 시작하였다. 게임 중독 친구들
은 시간 관리를 지속적으로 해 주어야 하며 게임 시간 관리를 스
스로 할 수 있는 힘을 길러 주는 것이 필요했다.

또한 자신이 게임 중독에서 벗어나야 한다는 자각에 대한 강
화와 유지를 위해 지훈이와 브레인스토밍 작업을 통해 치료적
노래 만들기 작업을 하였다. 게임을 어떻게 시작하게 되었고,
게임이 주는 장점과 단점을 인식하게 하고 앞으로 게임 시간 조
절을 어떻게 해 나가야 할지를 가사로 만들고 직접 멜로디를 창
조하는 작업이었다. 노래 만들기 작업은 문제에 대한 인식 및 대
처방법에 대한 훈련을 할 수 있도록 도와주고 노래라는 완성된
작품이 탄생하여 자신감을 높여 주며 치료 이후에도 반복적으로

노래를 반복함으로써 재발하지 않도록 도울 수 있는 좋은 작업이 되었다. MP3 음원으로 만들어진 음악을 가족, 친구들과 나누는 지훈이는 자신이 만든 노래 작품에 높은 만족감을 표현하였다.

6년이라는 임상 기간 동안 만났던 청소년들의 문제 양상은 다양하게 나타났지만 대부분 관심과 사랑, 즉 외로움에 대한 이슈가 가장 컸으며 외부에 의한 트라우마로 인한 문제들도 많았다. 그들에게는 이야기를 나누고 공감해 줄 수 있는 좋은 친구와 자신의 상처를 보듬어 주고 힘이 되어 주는 대상이 필요했다. 이러한 친구들에게 음악치료는 변함없는 최고의 친구이며 안전한 둘레가 되어 주고, 모든 감정을 다양하게 받아 주는 매체가 되어 주었다.

음악치료사로서 음악 안에서 변화하고 새로운 에너지를 얻는 친구들을 볼 때마다 나에게도 새로운 힘과 희망이 더욱 자라나는 것을 본다. 도움이 필요한 친구와 도움을 주는 치료사 모두에게 음악은 상호작용하여 힘을 발휘한다.

나는 종종 '나에게 있는 힘이 무엇이길래 나에게 오는 친구들이 변화되는 것일까?'라고 생각한다.

그것은 아마도 음악이 더 직접적이고 공감적이며 적극적으로 친구들에게 다가가 변화할 수 있는 다양한 기회들을 주어서이지 않을까?

행복으로 향하는 작은 통로가 될 수 있음에, 그것이 내가 좋아하는 음악을 통한 통로라는 것에 감사하다.

내가 발견한 이 비밀을 내가 만나는 모든 사람들이 경험하길
기도하며 진정한 삶의 행복을 찾아가길 응원한다.

이은선 음악치료사는
숙명여자대학교 음악치료대학원에서 석사학위를 받고, 박사과
정을 수료하였다. 2008년부터 연세신경정신과 소아청소년정신
과에서 5년간 음악치료사로 일하였으며 현재 명지병원 예술치
유센터 음악치료사이자 숙명여자대학교 음악치료대학원 인턴강
사로 근무하고 있다.

'지금은 진행 중'

고은진

'음악을 통해서 사람을 돕는 일을 하고 싶다'라는 마음을 갖고 막연히 진로를 고민하던 시기가 있었다. 당시에 '음악으로 사람을 돕는다'는 생각은 막연하고 추상적이었기에 내 마음은 답답하기만 했다. 그러던 중 음악을 전공한 큰 언니가 '네가 말하던 것이 이거 아니니?' 하며 브로슈어 하나를 건넸다. '음악치료 특강'이라고 쓰인 글자를 읽으며 '이런 것이 있었구나!'라고 속으로 외쳤고, 답답했던 마음은 기대와 호기심으로 채워졌으며, 진로에 대한 막연한 생각이 또렷해졌다. 이렇게 접하게 된 음악치료가 어느새 나의 직업이 되었고, 음악치료를 하며 지내는 지금은 '소명'이 되었다.

10여 년이라는 시간을 돌이켜 보면, 음악을 통해 누군가를 치료해 주었다고 말할 수 있겠지만, 동시에 나 자신이 먼저 변화되고, 치료되었다고 말하는 것이 옳을 것이다. 그렇기에 음악치료사로서 음악을 통해 필요한 사람들에게 다가갈 수 있었다고 본다.

무엇보다도 청소년들과의 음악적 만남은 힘든 만큼 기대와 희망감을 함께 가지고 이루어진다. 이에 대해 청소년 그들 안에 있지만 아직 알지 못한 크고 놀라운 비밀들을 함께 찾아가는 '여행'

이라고도 하고 싶다. 지도 한 장에 의지하여 길을 떠나는 여행객의 마음은 두려움 반 호기심 반일 것이다. 마찬가지로 청소년들에게 있어서 성인으로 가는 과정은 불안과 두려움, 호기심과 설렘이 함계하는 것은 아닐까 한다.

나 자신의 청소년 시절을 돌이켜 생각해 볼 때, 음악은 항상 가까이 있었고 친근했으며 가사를 통해 내 마음을 그대로 반영해 주는 것에 한편으로는 대리만족감도 있었다. 특히 소리에 친숙하고 민감한 청소년들에게 멜로디와 가사를 통한 감정적 동질성은 편안함과 위로감을 주어 나눔을 위한 문을 열고 감정을 읽어 주며 감정을 담아 준다.

– 민재(가명)의 이야기 –

'한 걸음 더 천천히 간다 해도 그리 늦는 것은 아니야.

처음 들어 보는 건데, 이 가사…… 내 얘기 같네요.

누구 거예요? 20년 전 노래예요? 와~, 완전 오래된 거네요.

옛날에도 나랑 같은 생각을 하고 있었다는 것이 재밌네요'

'내 안에 있는 능력요? 보셨어요? 글쎄요……'

'샘~ 좀 기다리세요. 아직 나오려면 시간이 걸려요.

지금 막 시작했는데요, 그 지점 막 찍고 돌아섰는데요,

근데……, 지난번처럼 오래 걸리지는 않을 거예요'

ADHD이며 학급에서 건드리지 못하는 문제아였던 민재는 1년간의 시간을 함께 보내면서 어느새 음대 진학을 준비하는 고등학

생이 되었다. 가끔씩 '선생님~ 잘 지내세요? 안부 전합니다~' 하며 연락이 온다. 아이 스스로 자신의 타이밍을 찾고 있음에 놀라게 되고, 이를 통해서 '기다림'에 대해 오히려 내가 배우게 되었다.

– 동현(가명)의 이야기 –

'한 마디도 하고 싶지 않아요.

그냥 있다가 갈 거예요. 귀찮아요, 싫다고요'

거칠고 사나운 만큼 그만큼의 상처를 받아 자신을 보호하기 위해 더 강하게 나올 수밖에 없었던 동굴 속 아이 동현이는 무엇보다도 목적을 상실하고 십 대인 지금의 가능성보다는 좌절과 절망을 먼저 만난, 상처받은 작은 아이였다. 그는 참다운 자신을 인식한 적이 없었기에 조금 더 기다려 주고, 안전하게 지지해 주었더라면 하는 아쉬움이 아직도 가슴에 남아 있다.

– 은수(가명)의 이야기 –

'선생님 지금 저는 감기에 걸린 것 같아요.

오늘도 내 안에 좋은 바이러스와 나쁜 바이러스가 싸우고 있었어요.

오늘은 좋은 바이러스가 조금 이긴 것 같아요.

면역력이 생기고 기다려 주는 것이.

그냥 내버려 두었으면 해요, 언젠가 돌아올 거예요.

알긴 아는데……, 마음처럼 잘 안 돼요'

자신에 대해 고민하고 세상을 걱정하며 괜한 반항심과 우울
감, 회의적인 감정이 뒤섞여 무기력했던 아이 은수는 음악을 통
해 안정감을 느끼게 되었고, 자신의 상황을 '감기에 걸렸다'라고
표현하게 되었으며, 내적갈등을 통해 한 뼘 더 자신이 성장하게
되었다고 스스로를 격려했다.

은수와의 만남은 치료사로서 청소년에 대해 보다 더 잘 이해
할 수 있게 된 기회였으며, 우리 안에 있는 올바른 '소통'을 찾아
가는 중요함도 배웠다.

이 글을 준비하면서 청소년들과 함께하며 기록했던 자료들을
들춰 보면서, 기억의 소중함과 추억을 찾는 기회가 되었다. 수줍
음으로 얼굴이 발갛게 되어 고개를 푹 숙이고 들어오던 상훈(가
명)이와 뽀얗게 화장을 하고 큰 소리로 어색함을 감추려 했던 혜
진(가명), 굳은 표정 중에 간혹 눈웃음을 짓던 아스퍼거 증후군의
성민(가명), 미혼모 보호시설에서 만난 어린 엄마 수진(가명) 등,
여러 청소년의 음악적 만남을 '존재에 대한 인정, 존재 자체의 가
치에 대한 소중함을 함께 찾던 시간'이었다고 할 수 있겠다.

청소년들과 음악적 만남을 갖는 분들에게 전하고픈 것은 변화
의 흐름에 민감해지고, 타 영역과의 협력과 나눔의 통로가 되는
음악의 힘을 믿으며 함께 나아가자는 것이다. 또한 치료사의 수
고와 노력은 치료의 열매를 맺는 데 결코 헛되지 않을 것이다.

고은진 음악치료사는
숙명여자대학교 음악치료대학원에서
석사학위를 받았고, 박사과정을 수료
하였다. 도담 아동·청소년 상담센터
와 고은 여성병원에서 음악치료 프로
그램을 진행하였으며, 현재 고은 뮤
직앤마인드 음악치료소장으로 근무
하고 있다.

음악, 치료사 그리고 지금 이 순간

정진희

　시골에서 나고 자란 평범한 나에게 클래식 음악을 듣는다거나 배우고 전공한다는 것은 무언가 요원하고 범접할 수 없는 것이 었다. 그렇게 '음악을 한다는 것'은 때론 사치이거나 무언가 거창한 것이고 사치라고 생각한 적도 있었다. 음악치료사가 되고 난 지금 시점에 되돌아보니 내가 대학 전공과는 다르게 음악을 다루게 되고, 음악을 도구로 다른 이를 돕는다는 것이 그저 우연만은 아니었다는 생각을 하게 된다. 일상 속에서 음악은 널려 있었다. 외할머니, 엄마의 자장가에서부터 소꿉친구들과의 놀이에서 부르던 노래들, 초등학교 때 각종 행사에서 쓰여졌던 음악과 소풍에서 불렀던 유행가들, 그리고 청소년, 대학생이 되기까지 음악은 나의 감정을 대변하고 위로하기도 하고, 또 때론 말로 차마 하기 힘든 내 마음을 읽어 주기도 했다. 실연의 슬픔 속에서도, 대학 낙방이라는 실패 앞에서도 그렇게 음악은 참으로 커다란 위로가 되었다. 또한 달콤한 데이트 과정에서 영화나 연극을 볼 때도 음악은 그곳에 더 몰입하게 하는 커다란 힘을 발휘하기도 한다. 이처럼 치료에서 사용되는 음악 역시, 내 개인적 경우처럼 클라이언트의 삶에 녹아들어 있고 그들과 함께 숨 쉬고 머물렀던 것이기에 어쩌면 더 쉽게 접근하게 될 수 있었는지도 모른다.

'치료사'라는 단어가 포함하고 있는 의미가 얼마나 커다란 것인지 이 기회를 통해 다시 돌아보게 된다. 다른 사람보다 무언가 뛰어난 능력이 있거나 높은 곳에서 다른 이를 내려다보는 위치에 있는 사람이 아니라 오히려 낮은 자세로 다른 사람의 필요를 더 빨리 민감하게 알아차리고 채워 주고 싶은 마음이 있는 사람, 또는 신앙과 관련하여 소명의식을 가진 사람 등 음악치료사가 되려는 사람들의 동기는 이렇게 다 다를 수 있을 것이다. '사람이 좋다. 사람에게 관심이 있다'라는 것은 개인의 성향일 수도 있겠으나 사람 속에 있고 싶은 동기가 클 수도 있고, 밑에 있는 외로움이 올라와 있을 수도 있고 다양한 요소들이 복합적으로 작용할 수도 있을 것이다. 치료사를 하면서 오히려 나는 나 자신을 더 많이 알게 되고 돌아보면서 치료사로서뿐만 아니라 한 개인으로서 더 많은 긍정적인 변화와 성장을 경험하게 됨을 본다. 그런 점에서 이 직업이 나에게는 참으로 매력적이고 무한한 넓이와 깊이로 내가 성장하고 성숙하게 되는 직업이라고 생각한다. 동시에 다른 이의 변화에 함께해 주는 기쁨을 맛볼 수 있는 장이라는 생각이 든다. 결국 나에게 주어진 '치료사'라는 타이틀이 지금 내게 주는 의미는 내가 누군가가 '함께한다'라는 것이다. 함께 고민하고 함께 눈물지으며 공감하고 이해하려 애쓰고 그 사람의 마음속에 들어가 보려 하는, 그래서 나 또한 클라이언트도 함께 성장해 가는 그런 여정 속에 있는 게 아닌가 한다.

성인을 대상으로 음악치료를 하면서 느끼게 되는 것은 '우리

모두가 참 생각보다 행복하지 못하구나……'라는 점이다. 반복
되는 일상 속에서 공부를 하고 회사를 다니고 결혼을 하기도 하
고 아이를 낳아 키우기도 하지만 무언가 근본적으로 해결되지
않는 답답함, 불안, 두려움, 해도 해도 끝이 없는 노력에 지치는
몸과 마음들……. 왜 이런지도 모르면서 또 그렇게 남들도 다 사
는 거니까 하고 그냥 살아가게 된다. 그런데 이렇게 말하고 싶어
진다. "왜 사십니까? 무엇 때문에 그 일을 하고 계십니까? 그 사
람을 사랑하시나요? 그 일이 만족스럽습니까? 그래서 삶이 행복
합니까?"라고 되묻게 된다. 그러면 "그렇게까지 고민하고 생각
하고 사는 사람이 어디 있어요? 다들 그러고 죽지 못해 사는 거
죠. 하고 싶은 일을 하면서 사는 사람이 얼마나 되겠어요?"라고
한다. 그만큼 우린 내 자신이 무엇을 원하고 하고 싶어 하는지,
자신의 욕구도 희망도 알지 못한 채 다람쥐 쳇바퀴 돌 듯 그저
그렇게 살아간다. 그러나 내가 음악을 통해 그들을 도우며 하고
싶은 말은 '잠시라도 우린 행복해야 할 권리가 있지 않을까요?
우린 행복하기 위해 태어난 존재들이 아닐까요? 그러니 그렇게
자기 자신을 사랑하고 이해하고 떠안으면 안될까요? 그럴 때만
이 자신을 좀 더 제대로 알게 되고 이해하게 되지 않을까요? 그
래서 내가 바라보는 모든 시선이 어둡고 암울한 것이 아니라 달
리 보이는 세상이 되지 않을까요? 한 세상 태어나 잘 살다 간다
고 말할 수 있지 않을까요? 그래서 세상을 살아갈 용기와 힘이
생기는 것이 아닐까요?'라는 말이다. 무슨 억측이나 궤변 같기도
하지만 결국은 음악으로 클라이언트와 내가 만나면서 접하는 변

화들은 이런 부분들이다. 살아온 생이 길면 길수록 우리들 몸에 젖어 있는 부적절한 습관이나 습성들은 참으로 변화되기가 쉽지 않다. 그러나 '나'라는 사람을 좀 더 알고 이해해 가는 동안 그 부분마저도 스스로의 노력에 따라 바뀔 수 있음도 보게 된다. 물론 단기간에 이루어지지는 않는다. 자꾸 넘어지게 되고 힘들어하면서 삶이 지속되지만, 이전보다 힘든 상황에 대처하는 자세가 달라지고 부정적인 감정 또한 짧게 마무리 되는 경우가 생기면서 스스로를 인식하고 조절할 수 있게 된다. 물론 치료사가 만능일 수도 음악이 만능일 수도 없다. 단지 우리 누구에게나 내면에 잠재된 능력이 있기 때문에 그저 우린 옆에서 묵묵히 바라보고, 들어주고, 도울 뿐이다.

  이러한 과정에서 중요한 것은 '나'라는 치료사임을 느낀다. 살아 보지 못한 사람이 산 사람의 것을 온전히 알 수 없듯이 이런 저런 삶의 경험이 치료사로서의 나의 길에 지평을 열어 주기도 했을 것이다. 나 또한 음악치료를 하면서 많은 부분이 바뀌게 되었다. 오랜 시간에 걸쳐 일어난 일이고 지금도 노력하며 나아가고 있다. 치료에 관한 지식이나 기술적으로 미숙한 부분들도 부지런히 채워 나가야 하는 부분이겠으나 사람을 대하는 직업이다 보니 사람을 대하는 자세나 태도, 소양을 갖추기 위해 치료사가 진정 스스로 애쓰고 노력하지 않으면 절대 다른 사람을 '건강하게' 도와줄 수 없다. 그래서 치료사 역시 자기 작업을 해 가며 있는 그대로 자신을 받아들이고 온전히 사랑하려는 노력을 해 갈 때 다른 사람 또한 그러한 자세로 대할 수 있음을 본다. 이 과정에서 음악은 클라이언트가 스스로 인식하며 만나지 못하는 부분들을 무의식과 의식으로 연결시켜 주고, 현재의 삶을 좀 더 윤택하게 살 수 있도록 도와주게 된다. 과거의 상처에 머물러 그것을 재연하는 것이 목적이 아니라 과거에 제대로 온전히 다루어지지 못한 기억과 상처 속에 머물러 있던 것들이 현재의 삶에도 부정적인 영향을 미치는 부분들을 다뤄 주는 것이다. 그 부분을 다시 만나 필요한 위로를 해 주기도 하고 들어주기도 하며 또 때론 그저 같이 머물러 주기도 한다. 그러면 충족되지 못한 감정이나 마음이 조금씩 채워지면서 좀 더 편안하고 여유로워지는 것을 볼 수 있다. 그때 비로소 보이지 않던 세상의 일부가 보이게 되고 다른 이도 이전과는 다른 시선으로 보게 된다. 이는 나 스스로를 보는 시선이 달라져 있기 때문인 것이다.

교과서 같은 이야기일 수 있겠으나 이런 과정을 겪으며 점점 더 깊게 체험하고 알게 되는 것은 임상 현장에서 음악이 가지는 힘과 치료사가 미치는 영향력이다. 음악 자체가 나의 모든 것이 될 수 있고 영감을 불러일으키기도 한다. 그래서 그 음악을 사용하며 그들 앞에 서 있는 나 자신이 참 소중하게 다가올 때가 있다. 그것은 내가 치료사로서 무언가를 이루었다는 성취감보다는 지금 이 순간, 이 현장에서 일어난 모든 경험이 깊이 몰입되면서 그저 그 순간에 최선을 다해 만나고 머물렀다는 그 자체가 기쁨이 된다. 그런 순간엔 클라이언트도 마찬가지 경험을 하게 된다. 그렇게 조금씩 내면에서 힘이 생기고 단단해질 때 우리는 인생의 희로애락 앞에서 좀 더 초연해지고 한 발 떼어 바라보게 될 수 있을 것이다. 그러고는 조금은 여유를 가지고 평정을 유지한 상태로 자유롭게 살아갈 수 있을 것이다. 그게 진정한 행복이 아닐까 생각해 본다. '음악치료사가 만능이다'가 아니라 하필 그 자리에 음악이 있었고 거기에 '나'라는 사람이 치료사를 하기에 바로 이 순간 이 삶을 살아가고 있는 것이 아닌가 한다. 지금 내가 하고 있는 일에 나는 만족한다. 그리고 누군가와 함께 같은 곳을 바라보며 향해 나아갈 수 있는 일을 하는 것 자체가 기쁨이고 감사한 일인 것 같다. 아직도 갈 길은 멀고 이전에 내가 하던 것과는 또 다른 시간들을 겪으며 성숙해 가야 하는 여정은 앞으로 더 많이 남아 있을 것이다. 하지만 이 역시 지금 이 순간에 집중하고 머무르며 나아간다면 '음악과 치료를 선택한 나의 인생이 나름 괜찮았구나'라고 돌아보게 될 것 같다.

♪ 정진희 음악치료사는

숙명여자대학교 음악치료대학원에서 석사
학위를 받았고 현재 동 대학원에서 박사과
정 재학 중이다. 음악실습 슈퍼바이저로 근
무하였고 현재는 지음심리치료교육연구소
에서 GIM심상음악치료사(FAMI)로 사람들의
마음을 치료하고 있다.

마음을 품어 주는 길, 음악치료사의 삶

심교린

음악치료를 만나게 되면서 나의 삶엔 커다란 변화가 생겼다. 다른 분야를 공부하던 나는 현재 음악치료사이자 건강심리학자, 명상치유전문가(K-MBSR)라는 한 분야의 전문가로 행복과 보람을 가지고 살고 있다. 그리고 이제 행복이 담겨진 음악치료사로서의 이야기를 나누고자 한다.

대학을 졸업하고 본격적으로 직업을 고민하게 된 시기에 사람을 돕는 일 중에서도 상담심리전문가, 사회복지사를 두고 저울질하고 있었는데 우연한 계기로 '음악치료사'라는 직업을 알게 되었다. 당시 장애인종합복지관에서 근무 중이셨던 음악치료사(현 아름다운 음악치료센터 센터장) 선생님을 소개받아 직접 찾아가서 음악치료사에 대한 구체적인 정보를 알게 되었다. 그리고 숙명여자대학교 음악치료대학원의 조교님들께 직접 찾아가서 관련된 다양한 이야기를 들으며 음악치료에 대한 꿈을 갖게 되었다.

당시 음악치료사를 양성하는 기관은 숙명여자대학교와 이화여자대학교, 명지대학교 이렇게 세 곳이 있었던 것으로 기억하는데, 나는 숙명여자대학교 음악치료대학원에 진학하기 위해 특강을 들으며 준비를 했다. 그런데 대학원 진학 경쟁률이 15:1 정도 된다는 이야기를 듣고 부담이 생겼다. 하지만 부담과 함께 더 열심히 열정을 쏟았다. 마음 안에는 이 정도면 되겠지 하는 마음도 생겼던 것 같다. 그래도 나름 학업에 자신이 있었고 학창시절부터 늘 상위권이었던지라 '설마 숙명여자대학교 특수대학원에 떨어질까?'라는 자만심이 자리를 잡고 있었던 것이다. 그런 나의 자만심을 경계하기 위함이었는지 태어나서 처음으로 실패라는 충격을 경험하게 되었다. '아~, 과학과 예술이 만나는 음악치료라는 미지의 분야를 내가 너무 경시했구나! 사람을 돕는 전문가를 양성하는 과정인데, 더 충분히 노력하고 준비되지 않으면 안 되는구나!'라는 생각을 얻게 되면서 다시 특강을 듣고 의지를 다지며 꿈에 그리던 숙명여자대학교 음악치료대학원의 신입생이 될 수 있었다.

역시나 대학원에 들어가 학업을 시작해 보니 공부해야 할 분량이나 깊이가 생각보다 더 만만치 않았다. 게다가 지식 습득뿐 아니라 임상경험이 매우 중요한 분야이기 때문에 어설프게 학업과 일을 병행하다가는 자칫 두 마리 토끼를 다 놓칠 수 있겠다는 불안감이 올라오기 시작했다. 그래서 굉장히 어려운 결정이었지만 일을 관두고 학업에 전념하게 되었다. 이렇게 매일을 대학원 수업과 도서관에서의 연구 그리고 선배님들 쫓아다니면서 임상경험을 접해 가며 대학원 생활을 보냈다. 그 덕분에 멋진 선배 음악치료사들도 많이 만나게 되었고, 노인복지관, 노인대학, 초등학교 방과 후 교실, 복지관의 프로그램 등 다양한 곳에서 임상

경험을 쌓을 수 있었다.

졸업 전 시립 은평병원에서의 인턴생활은 현장으로 나아갈 준비를 하는 데 최고의 환경이었다. 물론 이 시기에 대학원 졸업을 위한 논문 작성과 인턴생활, 결혼 준비라는 인생의 커다란 과제들을 동시에 해내야만 하는 어려움도 있었다. 그렇게 무사히 대학원을 졸업하고 결혼을 앞둔 상황에서 건강에 큰 적신호가 나타났다. 결국 거의 한 달을 누워서 지내고 2~3개월을 재활에만 전념하면서 건강을 회복하는 데에 많은 시간을 보내야 했다. 사람이 아파서 정상적인 기능에 큰 이상이 생기면 마음이 우울해지고 자존감이 떨어진다는 것을 깨달았고, '아~ 내 내담자들의 마음도 이렇게 아프겠구나!'라고 생각하게 되면서 내담자들을 좀 더 깊이 있게 공감하게 되었다. 이후 건강을 회복하고 음악치료사로서 일을 시작하기 위해서 복지관을 비롯한 다양한 곳을 기웃거리고 있었다. 그러다가 문득 최병철 교수님께 들었던 말씀이 떠올랐다.

"내가 하면 가장 잘할 수 있는 음악치료, 그것을 하십시오!"

그렇구나! 내가 하면 잘할 수 있는 음악치료의 분야! 그것이 과연 무엇일까? 그렇게 나는 나의 삶을 돌아보면서 지금 내 장점을 모아서 가장 잘할 수 있는 음악치료의 분야, 현장은 어디일까를 고민하게 되었다. 그리고 그것이 교회 공동체에서의 음악치료라는 것을 알게 되었다. 성당은 토요일과 주일에는 사람

들이 많지만 평일에는 많은 공간이 비어 있는 데다가 성당 내에
서는 의외로 장애아동을 위한 프로그램이 거의 없었다. 또한 음
악치료를 통해 일반 신자들을 위한 신앙교육이나 음악치유미
사, 음악피정 등의 다양한 콘텐츠들을 제공할 수 있겠다는 생각
이 들었다. 우선 이 일을 위해 뜻을 같이할 음악치료사들이 필요
했다. 그래서 한국음악치료학회 내의 연구 소모임으로 가톨릭음
악치료연구회를 설립하고 여러 선후배 음악치료사와 모임을 가
졌다. 하지만 가톨릭이라는 종교 공동체의 특성상 가톨릭음악치
료연구회가 정식으로 인정을 받고 활동하기 위해서는 지도신부
가 있어야 했다. 다행스럽게도 개인적으로 인연이 있던 신부님
께서 교회 내 심리치료, 상담, 예술치료와 같은 인문학과 가톨릭
영성, 교의신학 등이 조화를 이룬 연구소 설립에 동참해 줄 것을
제안해 주셨다. 이렇게 해서 2008년 2월부터 인천교구 영성생활
연구소를 설립하여 운영실장이자 전임연구원으로 본격적인 활
동을 시작하게 되었다. 그곳에서 가톨릭교회 공동체 안에서의
음악치료 및 예술치료 분야들을 시행할 수 있는 계기를 갖게 되
었고, 연구소를 통해 음악치유미사, 아이들을 위한 견진피정 통
합예술치유프로그램을 기획하여 실시할 수 있었으며, 관련 기
관들(자모원, 청소년 쉼터, 노인대학 등)로 음악치료를 널리 알리고
프로그램을 진행하게 되었다. 게다가 2009년 5월부터는 라파엘
종합상담센터라는 전문치료기관을 비영리 민간단체로 설립하게
되어 체계를 갖춘 치료실을 운영하면서 다양한 임상치료를 하게
되었다.

이 시기에 나는 영성생활연구소와 라파엘종합상담센터를 통해 정말 다양한 영역의 많은 클라이언트를 만나게 되었다. 우울과 불안 증상을 호소하는 성인, 진로문제와 인터넷, 컴퓨터 중독으로 힘들어하는 청소년들, ADHD나 정서문제가 있는 장애아동을 비롯한 많은 클라이언트를 만나고 이들과 함께 음악치료사로서 기쁘게 지낼 수 있었다. 특히 음악을 통해 자신의 마음을 더 잘 드러내고 치유를 경험하면서 살아가는 힘을 얻는다는 클라이언트의 고백은 음악치료사로서 말로는 표현할 수 없는 기쁨이었다.

나의 임상 여정에는 이런 행복들이 많았지만 한편으로는 어려움도 있었다. 첫 번째로는 금전적인 부분에서 느끼는 아쉬움이었다. 한 가족의 생계를 꾸려 가야 하는 가장으로서 경제적인 요소는 매우 중요한 부분이다. 하지만 센터의 특성상 수익을 목적으로 하기 어렵기 때문에 경제적으로 어려울 수밖에 없었다. 결국 라파엘종합상담센터는 더 이상 운영되지 않게 되었고, 이를 통해 아무리 좋은 마음으로 좋은 일을 하더라도 현실에서는 쉽지 않다는 점도 깨닫게 되었다. 두 번째 어려움은 일반 성인들과 청소년들을 많이 만나다 보니, 심리검사 및 상담기술을 비롯하여 심리학적인 지식들을 더 깊이 있게 연구해야 할 필요성을 느끼게 되는 것이다. 심리적·영적인 측면에서 어려움을 가지고 있는 일반 클라이언트들을 만나면서 이에 대한 전문적인 지식과 고려가 없다면 오히려 클라이언트에게 해를 끼칠 수 있다는 확신이 생기게 되었다. 또한 많은 심리적 어려움을 경험하는 사람들이 신체적 증상을 동반하고 있고, 거꾸로 신체적 어려움을 경험하는 사람들 역시 심리적 어려움을 동반한다는 임상경험들이 쌓여 가면서, 몸과 마음, 영성을 함께 다뤄 줄 수 있는 준비를 더 해야겠다는 생각이 들었다. 그래서 나는 클라이언트에게 더 도움을 주기 위한 과정으로 심리학 박사 학위 과정에 들어가게 되었다. 이 과정을 통해 심신상관의학, 통합의학, 정신신경면역학, 심리학, 상담기법 등의 사람과 치료기법들 그리고 몸과 마음에 대한 최신 지식들을 접하고 연구할 수 있게 되었다. 또한 '마음챙김(mindfulness)'과 명상과 같은 치료기법을 접하게 되면서 음악치료의 시행을 사람의 행동 수준에서만 머무는 것이 아니라 인지와 의식 수준에 이르기까지 더 깊이 있고 통합적으로 바라보고 도울 수 있는 길 위에 있게 되었다.

나는 지금 EMW라고 하는 회사 내의 심리지원실에서 근무하고 있다. 학업과 연구 그리고 직장생활을 동시에 병행해야 하는 위치에 있지만, 내가 가진 전문지식과 임상기술을 바탕으로 직장인들과 그 가족들의 행복과 건강을 돕는 아주 보람되고 의미 있는 일을 하고 있다. 음악치료를 시작할 때나 지금이나 클라이언트와의 만남은 언제나 성장이라는 열매를 서로에게 주는 것 같다. 이곳에서 나는 또 그렇게 음악치료사로서, 심리전문가로서 나를 만나는 클라이언트의 마음건강을 위해 즐거운 수고를 하려 한다. 이 길 가운에 어렵고 힘든 것들도 있겠지만 그 모든 과정이 제대로 된 음악치료사로, 사람으로 서게 할 것임을 믿기 때문에 앞으로의 날들도 설레고 기대된다.

♪ 심교린 음악치료사는

숙명여자대학교 음악치료대학원에서 석사
학위를 받았고, 아주대 심리학과 박사과정
에 재학 중이다. 2008년부터 인천 가톨릭
대학교 영성생활연구소, 라파엘종합상담
센터 운영실장 겸 치료팀장을 역임하였고,
현재 (주)EMW의 심리지원실에서 일반 직
장인의 행복과 스트레스 완화를 위한 일을
하고 있다.

내면의 여정을 함께하는 행복한 동반자, 음악치료사

장문정

음악치료의 길을 정하고 공부를 시작하게 된 1999년을 돌아본다. 나를 들뜨게 하고 나의 마음을 움직이게 하는 음악을 통해 누군가를 돕는다는 것에 대한 설렘이 삶을 온통 휘감던 느낌이 아직도 생생하다. 졸업을 하고 음악치료사라는 이름으로 세션을 시작했던 2002년 1월 3일 오전 11시를 기억한다. 아직 '엄마, 맘마, 주세요'라는 말밖에 하지 못했던 발달장애 아이가 나의 노래와 연주에 맞춰 춤을 추고 흥얼거리던 그 순간은 무엇과도 바꿀 수 없는 소중한 선물이다. 음악치료사로 만 11년을 근무하고 이제 13년째를 맞는 지금을 바라본다. 꽁꽁 감추었던 마음의 짐과 상처를 음악을 통해 표현하는 클라이언트를 보며 행복한 눈물도 흘려 보는 지금의 모습. 그렇게 음악치료는 내 인생을 행복하고 의미 있게 살게 해 준 최고의 친구다.

작은 블로그를 운영하고 있는 나에게 음악치료에 대한 질문들이 자주 온다. 그 중 가장 많은 질문은 "힘들지 않나요?"다. 물론 힘이 든다. 육체적으로 힘들 때도 있지만 클라이언트에게 보이는 아픔이나 사건들로 인한 심리적인 고통도 자주 있다. 하지만 그 수고를 버거움이 아닌 행복으로 느끼고 있기 때문에 기꺼이, 즐겁게 이 길을 가는 것이라고 말하고 싶다. 한 가지 기억을 나누어 보려 한다. 몇 년 전에 나와 음악치료로 함께 하던 젊은 여성 클라이언트가 뜻하지 않은 사고로 하늘나라에 간 일이 있다. 그분의 죽음은 내게 정말 큰 충격이었다. 그분과 함께 부르던 노래, 함께 춤출 때 틀었던 음악, 함께 연주하던 악기를 사용할 때면 가슴에 뭔가 콱 막히는 것 같은 느낌에 한동안은 음악치료 시간이 그렇게 힘이 들었다. 그렇게 두어 달쯤 흘렀을 때 그날도 그분 생각이 참 많이 났다. 그래서 함께 듣던 음악을 틀어 놓고 눈을 감고 있었다. 그런데 내 머리 속에 그분이 너무 신나게 음악을 즐기던 모습이 생생히 떠올랐다. '그래, 저렇게 음악을 좋아하는 사람이었는데, 그런 그분과의 시간을 내가 슬픔으로 정지시키고 있는 것은 아닐까? 그건 그분이 원하는 것이 아닐 거야'라는 생각이 스쳐 지나갔다. 그리고 그 순간부터 음악치료 사로서 클라이언트에게 후회 없는 행복을 주기 위해 더욱 최선을 다하기로 마음을 먹었다. 오늘 만나는 클라이언트를 내일 만나지 못하더라도 후회 없도록 최선을 다하려는 마음을 가지게 된 것이다. 이처럼 음악치료사는 예기치 못한 감정적인 소진을 경험할 수도 있지만 결국은 일어날 힘을 주는 음악과 클라이언트가 있기 때문에 행복할 수밖에 없는 것 같다. 그래서 아직까지는 이 직업을 선택한 것을 후회한 적은 없다. 이 생각은 앞으로도 변함없을 것이다.

  나는 2004년에 GIM음악치료사 훈련 과정을 밟게 되면서 '마음'에 대한 큰 관심을 갖게 되었다. 이 과정에 대해 언급하는 것은 그것이 나 자신을 얼마나 변화시켰는지 함께 나누기 위함이다. 나는 이 훈련 과정을 통해 개인세션을 받고 나 자신을 돌아보면서 매우 중요한 것들을 알게 되었다. 늘 삶이 즐겁고, 남에게 뭔가를 베푸는 것이 최고라고 여긴 나에게도 외로움, 분노 같은 부정적인 감정들이 많이 있었다는 것을 그리고 그 감정이 나를 온전한 인간으로서뿐만 아니라 음악치료사로서도 얼마나 큰 장애인지를 깨닫게 되었다. 그 이후 내가 가진 그림자, 성격, 문제들을 조금씩 들여다보고 다루기 시작하자 가족, 클라이언트, 주변 사람들을 보는 눈도 달라지기 시작했다. 나에게 일어나는 감정들이 밖에서 오는 것이 아니라 나의 무언가와 닿아 있다는 것을 알게 되면서 화를 내는 일들도 줄어들고, 세상의 일에 덜 흔들리게 되었다. 물론 지금도, 여전히 돌아보는 작업은 필요하고 끝이 없지만 말이다. 이렇게 나를 이해하는 눈은 클라이언트의 마음을 이해하는 하나의 길을 열어 준 것 같다. 나와 함께 음악치료를 통해 마음을 나누었던 클라이언트를 떠올려 본다. 두려움으로 인해 숨 쉬기조차 힘들어하던 여고생, 주체할 수 없는 화로 직장생활이 힘들었던 여성, 아버지에 대한 좋은 상을 갖지 못했던 남성, 목소리를 잃어 화병을 얻게 된 중년의 여성, 아이에 대한 죄책감으로 답답함을 토로하는 엄마, 가정폭력으로 인해 누구도 믿을 수 없었던 여대생, 부모에 의해 인생을 휘둘린 젊은 여성, 버거운 환경에서 세상의 끈을 놓고 싶어 하던 중년 남성, 어린 시절의 상처로 늘 외로움이 쌓여 있던 사람 등, 지금까지 나와 함께해 온 클라이언트의 마음을 음악으로 도울 수 있었던 것은 내게는 숭고하고 감사한 시간들이 아닐 수 없다. 그들과 아픔을 함께 나누고 견딘 시간들은 그들도 나 자신도 좀 더 성숙하게 만들 수 있었던 것 같다. 내가 음악치료사가 아니었다면 나는 아직도 잘난 척하고 외적인 것을 중요시하며 머리로만 사람들을 이해하는 사람이 아니었을까 싶다. 아직도 부족하고 돌아봐야 할 것 투성이인 나지만 그런 모습 그대로를 받아들여 본다. 그것이 다른 이들을 담는 그릇도 될 테니 말이다. 음악치료를 전공하고 GIM을 알게 되고, 지금은 성악심리치료 과정을 밟고 있는 모든 순간들이 나와 나의 클라이언트 모두를 진심으로 바라보고 마음을 나눌 수 있게 한 보석 같은 시간들이 아닐까 한다. 아직도 앞으로도 끝없이 해야 할 마음의 작업은 나의 큰 숙제이기도 하지만 클라이언트와의 나눔과 성찰은 나와 그들의 인생을 과거보다, 지금보다 온전하게 만들어 줄 것임을 믿어 의심치 않는다.

성인들의 마음을 음악으로 돕고자 하는 분들에게 드리고 싶은 말이 있다. 어떤 음악치료사가 될 것인지에 대한 고민도 중요하지만 '나는 어떤 사람인가?'에 대해 더 관심을 가지는 사람이 되면 좋겠다는 것이다. 자기의 감정의 흐름을 확인하고 그 감정이 어디에서 오는 것인가에 대해 관심을 가지다보면 클라이언트의 감정선도 보다 더 잘 이해하게 될 것이다. 나의 상처를 돌보고 나의 아픔을 위로하고 치유에 애쓸 때 나의 클라이언트가 가진 아픔에 깊이 공감할 수 있을 것이다. 자기를 보는 거울이 없는 치료사처럼 위험한 것은 없을 것이다. 클라이언트를 '아픈 타자'로 생각하고 배운 것만을 적용하는 음악치료사는 클라이언트에게 본질적인 도움을 줄 수 없을 것이다. 뿐만 아니라 클라이언트의 마음과 정신을 더 상하게 할지도 모른다. 마음에 관심을 갖고 성찰하며 공부하기를 게을리하지 않기를 바란다. 또한 내가 무엇을 해 주려고 하는 것이 아니라 음악이 이끄는 대로, 진심 어린 공감으로 그들과 함께 가고, 서고 견뎌 주며 지지해 주는 한 사람이 되기를 소망한다.

오늘 음악치료에서 함께했던 클라이언트를 떠올려 본다. 뭔가 올라오는 감정들이 있음에도 불구하고 그것이 무엇인지 몰라 답답해하던 클라이언트였다. 음악 속에서 자기 감정이 무엇인지를 알고 경험하게 되는 시간을 보냈다. 클라이언트를 위해 음악 프로그램을 고르고 가이딩을 하면서 그분이 가진 불안과 걱정이 마음 안으로 들어왔다. 당사자만큼은 아니겠지만 어떤 아픔인지가 내 가슴 안으로 들어왔다. 음악 속에서 흐느끼는 클라이언트의 등을 쿠션으로 지지해 주며 적어도 '머리의 치료사'가 아니라 '가슴의 치료사'인 것이 참 감사하고 다행이라는 생각이 들었다. 음악치료사로 살 수 있다는 게 얼마나 보람 있고 의미 있는 삶인지……. 감사하고 또 감사하게 된 순간이었다. 음악치료사는 해결을 주고 답을 주는 것이 아니라 그저 클라이언트가 자신의 마음을 표현할 수 있도록 도와주고, 상처가 드러나고 아픔을 느끼는 그 순간을 함께해 주는 것임을 또 한 번 깨닫게 된다. 내가 무언가 잘해 보려 하고, 내가 무언가 해 주고 싶은 마음이 들 때마다 나는 이러한 순간들을 떠올릴 것이다. 그리고 음악을 믿고 따라 갈 것이다. 더 이상 노래할 수 없고 연주할 수 없는 먼 훗날의 그날까지 나는 음악치료사라는 이름으로 살고 싶다.

♪ **장문정** 음악치료사는

숙명여자대학교 음악치료대학원에서 석사 학위를 받았고, 박사과정을 수료하였다. 노래하고 피아노 치는 것을 좋아하며 사람들과 마음을 나누는 것에서 행복을 느낀다. 숙명음악치료센터에서는 성인과 청소년을 중심으로 5년간 음악치료사로 일했으며, 현재는 명지병원 정신과 외래 음악치료사, 경기대학교 평생교육원 음악치료과정 외래 교수로 일하고 있다.

노인-이야기 12

존경합니다! 끝까지 행복하세요!!!

문서란

"선생님, 다음 주에도 꼬~옥 오셔잉~"
"10년은 젊어진 것 같아요!"
"우리 같은 노인네들한텐 즐거운 게 최고야, 안 그래요?"

음악치료가 끝난 뒤 어르신들은 함박웃음을 머금은 환한 얼굴로 치료사의 손을 꼭 잡아 주시고는 아까 부른 노래를 흥얼거리며 방으로 올라가신다.

노인 인구의 증가에 따라 이들을 위한 시설이나 요양원이 더불어 많아지고 있다. 입주자의 생활 만족과 적응에 도움을 드리기 위해 시설에서는 여러 가지 서비스를 운영하는데, 음악치료는 가장 인기 있는 프로그램 중 하나다. 어르신들께서는 별 기대 없이 참여하시지만 가장 높은 만족감을 보이시며, 참여 전과 참여 후의 표정 변화가 가장 큰 프로그램이라고 할 수 있다.

어르신들은 개인적 기능에 따라 차이를 보이시지만 공통적으로 상실을 경험하고 계신다. 신체적·생리적으로 심리적으로 사회적으로……. 사물이 뿌옇고 작은 글씨는 안 보이고, 손자 녀석은 TV소리가 너무 크다고 얼굴을 찌푸리고, 얼굴과 손은 주름지

고 검은 반점들이 생기고, 아무리 좋아하는 맛있는 음식도 딱딱
하면 먹을 수 없고, 허리 아프고 무릎도 아프고, 깊은 잠에 들지
못해 화장실만 왔다 갔다 하고, 깜빡하고 잊는 일이 잦아져 실수
하게 되고, 혈압약, 관절약 등 먹는 알약 수도 많아지고, 북적거
리며 아이들을 키웠던 집을 떠나 몇 가지 소지품만 가지고 낯선
곳에서 낯선 이들과 함께 살게 되고, 모든 것이 조심스럽고, 젊
은 사람들 앞에선 왠지 주눅이 들고, 자신의 말에 결정권이 없
고, 같은 식탁에서 함께 밥을 먹던 이웃이 그저께 저녁부터 안
보이고……. 점점 나빠지는 과정을 받아들이며 사시려고 노력
하시지만 별 뾰족한 수가 있는 것도 아니다. 노력을 한다고 해서
노화가 멈춰지는 것은 아니니 싫든 좋든 어쩔 도리 없이 받아들
일 수밖에 없는 것이다.

　그러나 어쩔 수 없는 서글픈 현실이라 하여 "나 못 살아" 하지
는 않으신다. 어르신들께서는 70~80년을 살아오신 삶의 연륜
으로 이런 상실을 모른 척하실 수 있는 내공이 있으시다는 말이
다. 딱딱한 것 대신 말랑말랑한 것으로, 자녀가 보고 싶어도 "지
네들 잘 살면 되지"라는 위안으로 그렇게 살아가실 수 있는 저력
있는 분들이시다. 더 이상 나빠지지 않고 지금처럼만 지낼 수 있
다면 좋겠다는 바람으로 상실의 과정을 담담히 걸어가고 계신다.

　보라! 이분들은 지금의 풍요롭고 자유로운 세상을 우리에게
만들어 주신 주역들이시다. 조국의 광복과 재건, 자식의 성공이
가장 큰 가치였고, 이를 위해 한평생을 희생하신 분들이시다. 하
지만 지금 이분들은 자녀나 젊은 사람들의 인정과 돌봄이 필요

한 세대가 되셨다. 어르신들의 그 저력 앞에 존경과 그 상실 앞에 공감하는 마음과 태도는 노인전문가뿐만 아니라 우리 모두가 지녀야 할 가장 중요한 근본임을 강조하고 싶다.

노인전문음악치료사로서 임상현장에서 만나 뵐 수 있는 분은 양로시설(유료, 무료), 요양원, 노인병원에 입주하신 분들이나 복지관, 보건소, 경로당, 노인대학 등에서 낮 동안 서비스를 받으시는 재가노인분들이다. 65세 이상을 노인으로 정의하는데, 80세를 기준으로 이전과 이후 분들에 대한 음악치료적 접근과 어르신들의 참여 반응은 많이 다르다. 여기에서는 80세 이상이며 병원이나 요양원에 계신 분들과의 경험에 대해 이야기하려고 한다.

대부분 휠체어에 앉아 간병인의 도움을 받으며 하루를 보내시는 이분들은 하고 싶은 일도, 가고 싶은 곳도, 먹고 싶은 것도 뜻대로 하실 수 없다. 음악치료를 통해 어르신들의 건강이 더 나빠지지 않으셨으면 좋겠고, 활력을 얻으시면 좋겠고, 위로를 받으셨으면 좋겠고, 존중받고 사랑받고 있음을 느끼셨으면 좋겠고, 음악의 즐거움으로 행복하셨으면 좋겠고, 조금이나마 의지를 가지셨으면 좋겠고, 옆에 계신 분께 다정한 눈길 한번 주셨으면 좋겠고, 삶에 대해 진실로 담담한 평화를 가지셨으면 좋겠다는……. 한 시간의 세션 동안 치료사는 음악활동 안에 많은 마음을 담는다.

약물로 인해 졸고 계시거나 힘 없이 고개를 푹 숙이고 계신 어르신 앞에 치료사가 노래에 맞춰 쿵짝쿵짝 리듬을 타며 다가가면 고개를 천천히 들어 올려 실눈을 뜨시고 치료사에게 미소를 지어 주신다. 스스로 눈을 뜨지 못하시는 한 파킨슨병 어르신을 간병인이 손으로 눈꺼풀을 열어 드리면 치료사를 바라보고 입을 달싹이시며 노래를 부르신다. 노래를 할 수 있는 기능을 잃어버린 치매 어르신이 음악에 맞춰 어깨를 흔드신다. 그때마다 치료사는 온몸에 전율이 인다. 음악이 무엇이길래 이분들의 무감각한 마음에 감흥을 일으키고, 무표정한 얼굴에 미소를 만들며, 무반응을 참여로 이끄는가! 다른 무엇이 이분들을 자의적으로 몸을 흔들고 입을 열게 하고 행복한 표정을 짓게 할 수 있단 말인가? 음악이 아니라면 어떻게 이분들을 집중하게 하며 즐겁게 웃게 하겠는가?

어떻게 하면 음악을 통해 어르신들께 건강과 행복을 드리고, 적극적인 참여동기를 드리고, 심미적인 만족감을 드리고, 거기에서 치료적인 의미를 경험하고, 그 의미가 그분들의 성공적인 삶의 질 향상에 기여할 수 있을지……. '지금 내가 제대로 하고 있는 걸까?'라는 질문에 대한 끊임없는 탐구로 어느덧 십여 년이 훌쩍 지난 것 같다. 또한 같은 시설에서 일하고 있는 사회복지사나 의사, 간호사, 시설장에게 이분들께 가장 필요한 것은 무엇이라고 생각하는지, 그리고 음악치료가 이분들께 드리기를 바라는 가장 중요한 것은 무엇인지, 이분들이 무엇 때문에 음악치료에 참여하고자 하시는지 등을 늘 묻는다. 다른 전문인의 시각에 대한 이해 역시 음악치료의 정체성과 존립에 매우 중요한 요소이기 때문이다. 이분들에 한해서 정답은 만족감이다. 즐거움과 활력을 통한 만족감! 이 만족감은 이분들에게 순간의 의미가 되고 살아가는 힘이 될 수 있는 것이다.

어떤 사람은 어르신이 몇 소절의 노래를 따라 부르신 것이 무슨 대수로운 일이냐고 할 수 있다. 소고를 두드리고 상체를 움직여 춤을 추시는 것이 그분의 삶에 얼마나 도움이 되겠느냐고 말이다. 우리는 존엄한 삶을 살고 싶어 한다. 내 삶이 소중하듯 어르신의 삶도 그분께는 분명 그럴 것이다. 내가 나이 들었을 때 다른 사람들이 내게 어떻게 해 주면 좋을지 생각을 해 보면 바로 알 수 있다. 하루하루의 삶을 여생의 개념이 아니라 마지막 그 순간까지 한 사람의 본생으로서 행복해야 한다. 성공적인 삶이란 질병이 있고 없음을 떠나 삶에 대한 자기 만족도가 높은 것을 의미하며, 무엇을 할 수 있는가가 아니라 실제로 무엇을 하는가다. 점차 퇴행의 과정을 가지지만 실제로 무엇인가를 계속하는 것, 한 번이라도 더 웃고, 움직일 수 있는 환경을 만드는 것은 삶의 질 측면에서 감히 존엄성의 실현이라 말할 수 있다.

음악치료 현장을 지나치며 가끔 마주쳤던 한 시설 직원이 "선생님은 참 좋겠네요. 맨날 음악하면서 자신도 치유하고, 어르신들도 행복하고, 그게 또 귀한 일이고, 거기에 돈까지 벌고……." 라고 말한 적이 있다. 정말 그렇다. 이 일은 정말 의미 있고 가치 있는 일이다. 행복하고 자긍심이 팍팍 솟는 일이다. 그래서 감사하다. 그런데 이것은 어르신들께서 주신 것이다.

삶의 질을 제공할 수 있는 가장 강력한 도구를 가진 음악치료사는 어르신들을 모시면서 조금씩 조금씩 성장하고 자유로워졌음을 고백한다. 치료사도 곧 나이가 들 것이고, 또 다른 사람의 도움을 받을 수밖에 없는 때가 오리라는 것을 머리가 아닌 피부로 알게 되었다. 그분들에 대한 서사적 삶과 나의 미래의 삶이 보이면서 삶의 본질을 보는 시각을 자연스럽게 갖게 되었고, 중요한 것과 조금 덜 중요한 것을 분별함으로써 현실에 대한 자유로운 관점을 조금은 얻게 된 듯 싶다. 이것 역시 어르신들께서 내게 주신 귀한 선물이다.

어머님, 아버님
감사합니다. 사랑합니다!!!

문서란 음악치료사는

숙명여자대학교 음악치료대학원에서 석사학위를 받았고, 동 대학원 박사과정을 수료하였다. 현재는 숙명여자대학교 음악치료대학원과 서울사이버대학교에서 노인 음악치료를 강의하고 있으며, 삼성노블카운티, 효자노인전문병원, 온누리요양원, 화성시보건소에서 노인들을 위한 음악치료사로 활동하고 있다.

노인-이야기 13

음악이 전해 준 선물

고범석

음악을 통해 어르신들과 함께해 온 시간들을 되돌아보니 나는 참 많은 선물을 받은 것 같다. 음악이 있어 행복하다. 만약 음악이 없었다면, 음악치료사가 되지 않았다면 느끼지 못했을 순간들이다.

10년 넘게 어르신들과 함께해 온 음악치료 시간! 〈아리랑〉으로 음악치료를 시작할 때면 세월의 흔적만큼 깊은 주름이 새겨진 어르신들의 얼굴엔 어느새 미소가 머물기 시작한다. 무표정한 어르신께 다가가 눈을 마주치며 노래로 인사를 전하면 밝은 미소로 화답해 주시는 모습에 이내 나의 마음도 따뜻해진다.

이렇게 노래의 선율을 따라 따뜻한 눈빛과 목소리를 서로 나눈다. 음악을 통해 마음을 함께 나누고 기억을 함께 나눈다. 좋아하는 대중가요의 가사를 통해 예전에 기차를 타 보았던 경험이나 고향에 대한 이야기 등을 함께 나누며 때로는 기뻤고 때로는 힘들었던 지난 시간들을 보듬어 보면 음악치료 시간이 끝난 후에도 그 여운은 오래 남는다. 음악치료 시간을 마친 후, 함께 불렀던 노래를 흥얼거리며 가시는 어르신의 음성이 문 너머로 들릴 때면 음악을 통해 마음을 함께 나누고 전할 수 있음에 감사할

따름이다. 이렇게 음악은 나에게 어르신들과 음악적으로 함께 소통하고 행복을 나누게 해 준 너무나도 소중한 보물과 같다.

언어적 의사소통에 어려움을 보이셨던 치매 어르신과의 음악치료 시간! 어르신에게 익숙한 군가의 리듬에 맞춰 함께 북을 연주했던 그 시간을 떠올려본다.

신체적으로 쇠약해지셨지만 함께 북을 연주할 때 채를 쥐신 여윈 손끝 너머에서 울리던 북소리에는 힘이 가득했고 표현하시는 리듬 속에는 그 어떤 제한도 존재하지 않았다. 음악이 우리에게 무한한 가능성을 선사해 줄 수 있음을 몸소 느끼게 되었던 순간이었다.

치매예방을 위해 키보드 연주를 배우고 싶어 하셨던 어르신과의 음악치료 시간! 아리랑의 멜로디를 한 음 한 음 치셨던 시간이 흐르고 흘러 거의 일 년이라는 시간이 지나게 되었다. 어느새 어르신께서는 좋아하셨던 대중가요의 멜로디를 계이름으로 처음부터 끝까지 다 외워서 연주하셨다.

어르신께서 연주하셨던 이 노래를 대중매체를 통해 듣게 될 때면 그때의 그 기억이 오롯이 떠오른다. 계이름으로 노래를 부르시며 한 음 한 음 정성 들여 연주하시던 그 모습에서 '할 수 있다'는 의지와 꾸준한 노력이 얼마나 값진 것인지를 다시 한 번 마음에 새기게 된다.

어르신들과 함께해 온 그 모든 시간은 나에게 '감사'와 '겸손'이라는 선물을 전해 주었다. 음악치료 시간이 끝난 후 어디 가서 이렇게 웃을 수 있겠냐고 이야기해 주시는 어르신의 말씀에 '감

사'의 마음을 전하며 어르신들의 지혜와 겸허한 태도에 '겸손'의
마음을 배운다.

옆에서 늘 힘이 되어 주고 위로가 되어 주는 음악이 있어서 행
복하다. 그런 행복을 함께 나눌 수 있다면, 그렇게 음악을 통해
누군가에게 힘이 되어 줄 수 있다면 얼마나 좋을까? 음악을 통해
소중한 선물을 서로 주고받을 수 있다는 것은 진정 축복이 아닐
까 한다.

♪ **고범석** 음악치료사는
숙명여자대학교 음악치료대학원에서 석사학위
를 받았고, 한세대학교 일반대학원 음악과 음
악치료전공 박사과정에 재학 중이다. 은평구
치매지원센터에서 음악치료사로 활동하였고,
현재는 노블 카운티를 비롯한 노인기관에서
음악치료사로 일하고 있다.

어르신들과의 행복한 동행

김마리

나는 서울시 은평구에 위치한 서울특별시 서북병원에서 치매, 파킨슨병, 뇌졸중 등을 앓고 있는 노인환자들을 치료하고 있는 음악치료사다.

서북병원은 노인ㆍ치매환자 치료에 특화되어 있는 서울시 직영병원으로, 나는 이곳 치매병동, 노인병동, 재활병동, 호스피스병동에서 주 1회~월 1회 각 15~30명 규모의 대집단 음악치료를 진행하고 있고, 보다 집중적인 치료가 필요한 분들을 대상으로 주 2회의 개별 및 소집단 음악치료를 진행하고 있다. 병동에서 진행되는 대집단 음악치료는 힘든 병원생활에 활력과 즐거움을 제공하고자 하는 전제하에 병동 환자의 특성에 맞춰 치료 목적을 설정하게 된다. 치매병동은 집중력 및 기억력 향상, 노인병동은 자존감 향상, 재활병동은 신체기능 향상, 호스피스병동은 긴장 이완, 정서적 지원 등의 목적으로 치료가 진행된다. 개별/소집단 치료는 환자의 상태와 필요에 맞춰서 치료 목적이 정해지는 데, 주로 치매환자는 기억력, 집중력, 수행능력, 전두엽 기능 등의 인지기능 향상, 혹은 초조, 불안, 우울, 배회, 공격성, 무의욕 등의 행동심리 증상 완화, 파킨슨환자는 발성능력 향상, 뇌

졸중으로 인해 실어증이 발생된 환자는 언어기술 향상에 초점을
두고 치료를 진행하고 있다.

서북병원에서만 10년을 꽉 채워서 노인분들을 치료했고, 그
전에 다른 기관에서도 노인분들을 1년 이상 치료했으니 노인 분
들과 참 오래도록 일해 왔다는 생각이 든다. 음악치료를 시작하
던 시절, 대부분의 다른 동료들은 정신질환자나 장애아동을 대
상으로 한 음악치료에 관심이 있었는데, 나는 음악치료를 처음
공부하면서부터 그냥, 정말 아무 이유 없이 노인 영역에 마음이
끌렸다. 그 생각은 다양한 클라이언트를 대상으로 임상실습을
한 후에 더 확고해졌다. 임상실습 때는 실수도 많고, 어설프기도
한데, 무조건 박수쳐 주시고, 환호해 주시고, 칭찬해 주시는 어
르신들이 너무나 감사하고 따뜻하게 느껴져서일까? 노인집단치
료를 하고 오는 날에는 내가 더 힐링이 되어 기운이 샘솟고 행복
했던 것 같다. 치료사와 노인 클라이언트의 단단한 신뢰관계하
에 일어나는 충분한 감정의 교류와 언어적·비언어적 상호작용
의 하모니가 좋아서 나는 노인 클라이언트를 치료 대상으로 정
하고, 계속 노인분들과 일하게 되었고 그 결정을 후회한 적은 한
번도 없다. 이 글을 읽는 분들이 앞으로 노인을 대상으로 치료하
게 된다면 우리 어르신들이 얼마나 푸근하고 다정하신지, 또 치
료사에게 얼마나 많은 사랑과 신뢰를 보여 주시는지, 이때 치료
사가 받는 피드백이 어떠한지 충분히 경험하게 될 거라 믿는다.

음악치료사로 일하면서 많은 변화가 있었던 것 같다. 이전에
는 소극적이고 새침한 스타일이었는데 잦은 무대경험과 할머니,

할아버지들의 무한 호응에 힘입어 제법 열정적으로 치료시간을 즐기는 치료사가 되었고, 음악치료사로서 각이 잡힌 채로 계획된 치료에만 열중하던 내가 노인 클라이언트의 마음을 읽고 필요를 살피는 자식 같은, 혹은 친구 같은 치료사가 되려고 노력하게 되었다. 치료사의 따뜻한 마음과 사랑이 전해지면서 노인 클라이언트와 진정으로 소통하게 되면, 클라이언트의 치료에 대한 동기 수준이 높아지고 잠재력이 극대화되어서 예측했던 예후보다 더 높은 치료적인 효과를 가져오게 되는 것을 경험하게 되었다.

클라이언트의 마음을 읽고 클라이언트와 신뢰관계를 형성하기 위해서 클라이언트의 이야기를 경청하고 수용하며, 공감하려고 노력했다. 설사 망상이 심한 치매환자라 할지라도 망상을 보일 때 그냥 무시하거나 넘기지 않고, 그 망상으로 인해 환자가 지금 느끼는 어려움을 일단 공감해 드리려고 했고 이해를 전달하고자 노력했다.

또 한 가지 클라이언트의 마음을 읽기 위해 클라이언트의 입장이 되어 보고자 노력했다. 노인 클라이언트가 음악치료를 받으러 오실 때 어떤 마음으로 오시는지, 음악치료를 통해서 얻고자 하는 것이 무엇인지, 치료사가 진행하는 활동, 노래, 악기가 선호하는 것들인지를 치료를 받는 클라이언트의 관점에서 다시 바라보면 의외로 치료사가 예상했던 것과 다른 부분들이 많이 발견되는 것을 알 수 있었다. 맘씨 좋은 어르신들이 그저 허허 웃으시며 "우리 선생님이 최고다~"라고 세션을 받아들인다고 해서 치료사의 계획대로만 쭉 진행하기보다는 중간중간 자신의

치료 세션 전반을 클라이언트의 관점에서 꼼꼼히 돌아볼 필요가
있다.

마지막으로 노인 클라이언트와의 효과적인 음악치료를 진행
하기 위한 팁을 몇 가지 말씀드리고 글을 맺고자 한다.

먼저, 음악치료는 즐거움을 기반으로 해야 한다. 어르신들이
좋아하시는 노래도 맘껏 부르시고, 좋아하시는 악기도 신나게
연주하실 수 있는 기회가 주어져야 한다. 인턴 치료사들을 지도
할 때 흔히 볼 수 있는 일인데, 클라이언트의 반응에는 무관심한
채로 치료 목적의 달성에만 급급해서 과제의 수행만 지루하게
무한반복할 때가 많다. '100% 수행될 때까지 해 보리라' '이 할머
니가 100% 기억하실 때까지 나는 멈추지 않겠다!'라는 의지를
가진 것처럼 말이다. 치료사의 주된 관심은 클라이언트에 두어
야지, 과제에 두는 것이 아니란 걸 항상 잊지 말고 클라이언트가
세션을 충분히 즐길 수 있도록 진행해야 한다. 치매환자의 인지
기능을 향상시키기 위해 아무리 좋은 프로그램을 구성했다 하더
라도 전혀 즐겁지 않은 학습의 과정이 되어 버린다면 환자의 적
극적인 참여와 향상은 기대하기 힘들다. 음악 자체가 가지고 있
는 고유의 강점인 즐거움을 놓치지 않도록 항상 주의하기를 바
란다.

둘째, 음악치료 시 노인 클라이언트의 신체 기능을 고려해야
한다. 어르신들은 신체 기능이 모든 면에서 저하되어 있다. 따라
서 시력이 낮은 어르신을 위해 가사보의 글씨도 더 크게 작성해
야 되고, 청력이 낮은 어르신을 위해 짧은 문장으로 크게 말해야

하며 제스처를 사용하여 도움을 드리기도 하고, 근력이 감퇴된 어르신을 위해서 악기연주 시 악기의 무게가 너무 무겁지 않아야 하고, 또 너무 오래 악기를 연주하거나 무브먼트를 계속하지 않도록 해야 한다. 휘슬을 계속 부는 것도 노인 클라이언트의 어지럼증을 유발할 수 있으니 주의해야 한다.

셋째, 노인 클라이언트의 연령대와 생활 배경에 부합하는 노래를 선곡해야 한다. 흔한 착각 중의 하나가 '노인은 무조건 민요를 좋아할 것이다'라는 것인데, 실제로는 전혀 그렇지 않다. 민요는 주로 80대 이상 농촌에 거주하셨던 분들에게나 친숙하지, 70대 노인분들만 해도 민요보다는 흘러간 옛날 가요를 더 선호하신다. 60대 초 노인 분들은 요즘 트로트도 곧잘 따라 부르기도 하신다. 연령에 맞는 노래 선곡과 더불어 주의해야 할 것이 클라이언트의 생활배경이다. 80대 이상 노인분이라 할지라도 도시에 거주한 고학력자일 경우에 민요보다는 옛날가요나 가곡을 좋아하시곤 한다.

노인 클라이언트는 우리가 상상하는 이상으로 매력적인 치료 대상이다. 많은 사랑을 품고 계시고, 또 그만큼 아직도 많은 사랑이 필요하신 노인 클라이언트들과 의미 있고 유익한 치료세션을 경험하길 바란다.

김마리 음악치료사는
숙명여자대학교 음악치료대학원 석사학위
를 받았다. 현재는 숙명여자대학교 음악치
료대학원 인턴강사이자 서울특별시 서북병
원에서 음악치료사로 일하고 있다.

부록

음악치료사에게 물어보세요

이 부록은 음악치료사가 종종 받는 질문을 음악치료사들이 직접 응답한 것이다. 대상이나 분야에 따라 개인적으로 차이가 있을 수도 있지만 공통적인 내용들을 중심으로 기술하였다. 한편, 성인의 경우 A1은 심리적인 문제에 대한 접근법, A2는 일반성인들을 대상으로 하는 일반적인 문제에 대한 답변이다.

치료 대상

Q. 〈아동 · 청소년〉 아동 · 청소년 음악치료는 주로 어떤 아동 · 청소년을 대상으로 하나요?

- 주로 만 18세까지의 아동 · 청소년을 대상으로 하며 신체적 · 심리적 · 정서적인 장애가 있거나 장애의 여부와 상관없이 정서적 · 행동적 지원이 필요한 모든 아동 · 청소년을 대상으로 합니다. 즉, 가벼운 심리적 · 정서적 어려움을 겪는 일반 아동 · 청소년을 비롯해 품행장애, ADHD, 우울증 등의 정서행동장애, 발달장애, 지적장애, 자폐성장애, 신체장애, 시청각 등의 감각장애, 학습장애, 기타 특수아동, 부모와의 애착이나 유치원이나 학교 적응에 어려움을 보이는

아동, 창의성과 자기 표현, 정서개발을 원하는 일반 아동 ·
청소년들에게 음악치료를 시행합니다.

Q. 〈아동 · 청소년〉 음악성이 있는 아동 · 청소년만 음악치료를 받을 수 있나요?

- 그렇지 않습니다. 음악성과 상관없이 어떤 아동 · 청소년이
든 음악치료를 받을 수 있습니다. 음악이라는 도구를 사용
해 아동 · 청소년이 가지고 있는 어려움을 해결하고 도와주
는 것이 목적이므로 음악성 여부와 관계없이 음악에 반응하
고 음악을 좋아하는 아동 · 청소년이면 누구나 음악치료를
받을 수 있습니다.

Q. 〈아동 · 청소년〉 음악치료를 받을 수 있는 곳은 어디인가요?

- 현재 장애 아동 · 청소년의 경우 시립어린이병원, 명지병원
등의 전문 병원에서 치료를 받을 수 있고 각 구나 시에서 운
영하는 복지관, 개인 센터, 학교 등에서도 장애 아동 · 청소
년을 위한 음악치료를 실시하고 있습니다.

Q. 〈청소년〉 청소년은 어떤 경우에 치료실을 찾게 되나요?

- 장애를 가진 청소년뿐 아니라 최근에는 우울증, 약물남용,
섭식장애, 품행장애, 지적장애, 정서장애를 지닌 청소년이
나 왕따 문제로 고통받거나 인터넷 · 게임 중독으로 인해 학
교생활에 어려움을 가진 청소년 등도 음악치료실을 찾아옵

니다. 또한 부적응적 문제를 지닌 청소년뿐 아니라 자기 표현 증진 및 리더십 향상 등을 원하는 일반 청소년에게도 음악치료를 적용할 수 있습니다.

Q. 〈성인〉 성인들 중 연령 또는 성별에 따라 다른 방법을 사용하시나요? 그렇다면 어떤 것들이 있을까요?

- A1. 심리적인 문제를 가진 클라이언트의 경우 적용하는 방법 중에서 GIM(guided imagery and music)은 연령이나 성별에 따라 크게 다른 방법은 없지만 개인의 성향이나 처한 상황에 따라서 그 접근이 좀 다를 수는 있습니다. 아직 많이 어려서 자신의 문제에 대해 깊이 있는 성찰이나 사고가 어려울 경우 좀 더 스스로 그것을 정리할 수 있도록 키워드를 준다거나 시간을 준다거나 하는 방법을 통한 접근이 되겠습니다. 성별에 따라서는 아무래도 치료사가 주로 여자이기에 여성에 대한 어려움을 갖고 있거나 쉽게 마음을 열지 못하는 남성이라면 일단 안정감과 편안함, 신뢰감을 주는 것이 필요합니다.

- A2. 일반인의 경우 연령과 성별에 따라 선호하는 음악이나 활동의 종류가 다를 수도 있습니다. 이러한 개인적 차이와 특성에 따라 접근방법은 다양하고, 각각 다른 방법으로 접근할 수 있습니다. 모든 경우라고 이야기할 수는 없겠지만, 대개 성인들 가운데에서도 청년층과 초기 중년층은 상

대적으로 에너지 수준이 높고, 활동력이 왕성하며, 인지 수준이 좋습니다. 따라서 스트레스에 대처하는 방법에 있어서도 수동적인 측면보다는 적극적으로 참여할 수 있도록 하는 즉흥연주나 신체적 반응을 보이도록 하는 방법을 사용합니다. 반면 중년기 이후의 성인들은 상대적으로 낮은 에너지 수준과 활동력을 나타내지만, 통찰력과 지혜가 풍부하기 때문에 보다 내면적인 탐색 과정에 중점을 두는 음악과 명상과 심상법과 같은 방법으로 접근하는 것이 스트레스 대처 측면에서 효과적인 경우가 많습니다.

Q. 〈성인〉 현대사회는 우울감을 호소하는 사람이 많다고 하는데요, 우울한 사람들을 위해 음악을 어떻게 사용할 수 있나요?

– A1. 심리적인 문제를 가진 클라이언트에게 보여지는 우울의 원인에는 사실 여러 가지가 있을 수 있습니다. 즉, 분노, 외로움, 슬픔, 열등감 등등 숨겨져 있던 여러 가지 감정이 나타나는 경우가 많습니다. 따라서 어떤 경우엔 동질성의 원리를 적용하여 그 우울감을 그대로 떠안고 함께 느껴 보게도 하고, 또 어떤 경우엔 우울이라는 가면에 익숙해져 있는 것에서 벗어나게 하도록 하기 위해 다른 음악을 적용하기도 합니다. 그만큼 클라이언트 개개인의 상황과 목적에 따라 다를 수 있습니다.

– A2. 우울한 사람들을 위해 두 가지 측면의 음악적 접근을

이야기할 수 있습니다. 첫 번째는 '동질성의 원리'를 통한 방법입니다. 우울한 사람은 우울한 음악에 더 끌리게 되지요. 내 마음을 잘 표현하고 있는 것 같고, 마치 나의 노래인 것처럼 들리게 됩니다. 여기에서부터 서서히 템포나 음악적 역동, 조성과 같은 분위기를 밝은 쪽으로 변화시켜 주면, 마음은 달라지는 음악적 변화에 따라 함께 변해 가게 됩니다. 두 번째는, 음악을 통한 마음의 알아차림을 통한 바라보기입니다. 음악 감상이든, 가사 만들기이든, 즉흥적인 흥얼거림이든, 우울한 사람의 마음과 유사한 음악을 연주 혹은 감상 등을 통해 경험하게 합니다. 그리고 그것을 지켜보는 내 마음이 어떤지, 내 마음이 무엇을 표현하고 싶은 것인지를 판단 없이 알아차리고 지켜볼 수 있도록 지지합니다. 그렇게 되면 우울한 마음이라는 맥락에서 빠져나와 자신의 마음을 직면하면서 우울한 마음이 변해 가는 것을 알아차리도록 합니다. 여기에서 가장 주의할 점은 그냥 음악이 주는 슬픔과 우울감에 빠져 들어가는 것이 아니라, 감상경험 중의 내 마음을 바라볼 수 있도록 해야 한다는 점입니다. 이는 마음챙김(mindfulness)의 치료적 원리를 적용한 음악감상의 한 형태입니다.

Q. 〈성인〉 기능 수준이 너무 낮거나 심각한 증상을 가진 클라이언트와의 만남에서 음악치료사가 고려해야 할 것들이 있나요?
- A1. GIM심상음악치료의 경우 일반적으로 말하는 기능 수

준이 너무 낮은 경우 언어 표현이 안 되거나 자기 생각을 말로 정리해서 표현할 수 없는 경우엔 경험이 어렵습니다. 그리고 치료사의 철학이나 접근방법에 따라 어떤 음악적인 경험을 대상에게 적용하든 간에 중요한 것은 그 대상이 지닌 증상과 실태에 대해 좀 더 명확하게 상태를 파악하는 것이 중요하겠지요. 또 심각한 증상에 따라 지금 당장에 필요한 것이 무엇인지 파악할 수 있는 능력이 있어야 하겠습니다.

- A2. 일반인들의 경우 대부분 인지적 수준이 보통 이상이기 때문에 크게 문제가 되지는 않습니다. 성인의 경우에서 심각한 증상이라고 한다면, 심한 우울증 상태, 혹은 심각한 공황장애 상태, 성폭력 등으로 인한 극심한 불안 및 외상후 스트레스 장애(PTSD) 등을 이야기할 수 있을 것 같습니다. 이와 같은 경우에서 음악치료사가 미리 준비해야 하는 부분이라면, 대상자에 대한 충분한 임상적 지식과 진단 능력입니다. 현재 클라이언트가 어떤 상태이고, 어떠한 치료적 계획을 세워야 할지를 치료사가 우선 알아야 올바로 대처할 수 있습니다.

Q. 〈성인〉 성인 음악치료에서 클라이언트의 음악적 능력은 치료에 얼마나 영향을 미치나요?

- A1. 특별히 GIM세션에서는 음악적 능력에 따라 영향을 받는 것은 없습니다. 그러나 이런 경우는 있을 수 있지요. 음

악 전공자의 경우 들려지는 음악의 느낌이나 심상을 따르기
보다 곡을 분석하게 되는 이성적인 부분이 작동되어 음악에
집중하기가 어려울 수는 있습니다. 그러나 그 또한 개인의
상황에 따라 음악에 투사되는 부분이 있고, 세션으로 유도
가 가능하므로 크게 문제가 되지는 않습니다.

- A2. 일반인과의 치료에서도 클라이언트의 음악적 능력은
전혀 상관이 없습니다. 굳이 연관을 지어 본다면 음악적 능
력이 아닌 음악활동에 대해 편안하게 여기는지의 여부일 것
입니다. 예를 들어, 자신의 목소리로 소리를 내는 성악 즉흥
활동의 경우 내담자가 활동에 참여하는 데 다소 시간이 요
구되기는 합니다. 그 외에는 대부분의 경우 클라이언트의
음악적 능력은 치료에 영향을 미치지 않는다고 봅니다.

Q. 〈성인〉 성인 음악치료에서 주의할 점이 있으면 알려 주세요.

- A1. 성인 음악치료라고 범위를 정하는 것이 상당히 광범위
하나, 중요한 것은 쉽사리 클라이언트에 대해 미리 판단하
거나 단정 짓지 말아야 한다는 것입니다. 인간의 내면은 매
우 다양하고 살아온 삶의 환경에 따라, 또 교육 정도에 따라
너무도 변화무쌍하기 때문에 그 부분에 있어서 항상 열린
자세를 가지는 것이 필요합니다. 치료사가 모든 경험을 다
해 볼 수 없기 때문입니다. 때로는 치료사보다 더 나이 많은
사람, 치료사가 경험해 보지 못한 상황에 처해 있는 클라이

언트를 접할 수 있기에 이들에 대한 열린 자세야 말로 매우 중요합니다.

– A2. 성인 음악치료뿐만이 아니라 모든 치료 영역에서 주의할 점이 있습니다. 클라이언트를 어떠한 편견이나 진단명에 국한됨 없이 있는 그대로 바라보고 충분히 상호 존중하는 치료적 동맹 관계를 형성하는 것입니다. 모든 치료적 접근에서 가장 중요한 것은 치료사와 클라이언트의 신뢰관계가 형성된 이후에 발생할 수 있기 때문입니다. 아무리 좋은 치료 기술과 아무리 좋은 음악이라도 치료사가 함께하는 음악치료 과정에서는 치료사와 클라이언트의 긴밀한 관계가 형성되지 않고는 진정한 치료와 치유의 과정을 만들어 낼 수 없습니다.

Q. 〈노인〉 주로 어떤 노인들을 대상으로 치료를 하나요?

– 노인들의 경우 다양한 대상과 목적으로 적용하고 있습니다 (1장 참조). 예를 들어, 일반 노인들의 경우 오락적 목적과 사회성 향상의 목적은 노인들로 하여금 노후에도 사회적으로 고립되지 않고 집단에 참여함으로써 즐거움과 만족감을 갖게 하며 나아가 노년기 우울을 감소시킬 수 있습니다. 집단의 성격에 따라 음악활동을 통해 회상 부분을 강조한다면 장기기억을 유지시키는 데에도 도움을 줍니다.

Q. 〈노인〉 노인에게 음악은 어떤 의미인가요?

—노인에게 음악활동은 하나의 큰 즐거움입니다. 노인이 젊은 시절에 즐겨 했던 노래들은 그 시절의 정서를 회상하게 하고 나아가 정서 환기 및 현재의 우울감을 감소시키는 데 도움을 주는 것으로 여겨집니다. 음악은 육체적·정신적 건강의 조화를 통해 행복하고 아름다운 삶을 추구하는 삶의 유형과 관련되어, 삶의 양보다는 질과 관련되어 있다고 하겠습니다. 음악을 통해 마음의 평화를 얻고 근심 걱정을 버릴 수 있으며 자신의 삶이 성취해 온 것을 긍정적으로 평가하도록 돕는다고 하겠습니다.

Q. 〈노인〉 음악치료가 치매노인에게 어떠한 효과가 있나요?

—치매노인의 주된 증상은 인지기능의 저하와 행동심리증상(behavioral and psychological symptoms of dementia: BPSD)입니다. 치매 정도에 따라 접근방법은 달라질 수 있지만 다양한 음악활동은 이 증상들을 완화시키는 데 효과가 있고 이미 국내외 여러 연구에서 효과가 입증된 바 있습니다. 다만 치매는 퇴행성 뇌질환이므로 음악치료로 인해 저하된 인지기능이 다시 회복된다고 보기는 어렵습니다. 다양한 음악활동은 뇌를 자극하여 인지기능 저하 속도를 늦추고 유지시켜 주는 역할을 할 수 있다고 볼 수 있으며, 기억 위주의 인지뿐 아니라 충동이나 공격, 우울로 나타나는 행동심리증상들을 완화시키는 데 큰 도움을 줍니다. 한편, 음악이 동기

부여에 큰 역할을 한다는 점은 이미 잘 알려진 사실입니다. 돌보는 사람의 입장에서는 중증으로 갈수록 기억보다는 행동심리 증상의 문제가 더 커지므로 음악활동도 그런 면에 더 중점을 두어야 합니다.

Q. 〈노인〉 그렇다면 치매 수준(경 · 중)에 따라 치료가 어떻게 달라지나요?

- 음악치료 목적과 활동 내용에 차이를 두게 됩니다. 고위험군이나 경증에서는 보다 인지적 측면을 강조하고, 중증도 이상에서는 행동 및 심리 증상 측면이 강조됩니다. 중증도 이상이 되면 행동심리 증상으로 인해 타인과의 관계가 나빠지고 돌보는 사람이 큰 어려움을 겪게 되어 결과적으로 삶의 질이 떨어질 염려가 더 커지기 때문입니다.

Q. 〈노인〉 고위험군이나 경증에서는 인지적 측면을 보다 강조하고 중증도 이상에서는 행동 및 심리 증상 측면을 강조한다고 했는데, 구체적으로 왜 그런가요?

- 치매는 원인과 경과가 매우 다양하나 퇴행성 뇌질환인 점은 공통적입니다. 즉, 타 질환과 달리 진행성이므로 인지기능은 점점 나빠질 수밖에 없습니다. 기존에 나와 있는 치매 약들도 대부분 치매의 원인을 치료하지는 못하고 진행을 늦추는 역할을 하며, 이 또한 고위험군이나 경증에서 유효하지 이미 중증 이상으로 진전되면 무효한 것으로 알고 있습니

다. 이미 손상된 뇌 조직은 현대 의학으로 회복될 수 없다는 의미입니다. 또 치매의 특징 중 한 가지는 유병 기간이 비교적 길다는 것입니다(최장 10년). 따라서 고위험군이나 경중에서는 인지 저하의 증상 속도를 늦추기 위해 다양한 뇌 자극을 주어 최대한 정상과 유사한 인지기능을 유지할 수 있도록 해야 합니다. 하지만 이미 뇌 손상의 정도가 심해진 후라면 기억력을 위주로 말하는 인지적 측면의 회복은 어렵고, 충동성, 감정 기복, 폭력성 등으로 나타나는 문제들의 근본적인 해결에는 한계가 있습니다. 따라서 치매 대상 음악치료는 치매 단계에 따라 그 목적과 내용이 달라져야 할 것입니다.

치료 세팅

Q. 〈아동·청소년〉 음악치료 과정은 어떻게 되나요?

－아동·청소년의 경우 주로 보호자에 의해 치료 의뢰가 들어오며, 부모님(또는 보호자)과의 사전 면담 및 상담 후 치료 목적과 목표 설정을 위해 4주 정도의 진단평가 기간을 갖습니다. 치료 목적 및 목표가 설정된 후 치료적 중재가 시작되고, 필요한 경우 중간평가를 거쳐 목표를 재설정한 후 치료를 지속하거나 종결합니다.

Q. 〈아동 · 청소년〉 치료 기간은 보통 얼마나 걸리나요?

- 보통은 주 1~2회 시행되는데, 개인치료의 경우 6개월에서 1년 이상의 중재기간을 갖습니다. 집단치료의 경우에는 치료 목적에 따라 장기와 단기로 나누기도 하는데, 단기는 총 10~16회기 정도로 회기를 정해 놓고 구체적인 목표를 설정하여 진행하나 장기집단 치료의 경우 그 이상 꾸준히 진행하기도 합니다.

Q. 〈아동 · 청소년〉 1:1, 집단 등의 치료 구성은 무엇에 따라 결정되나요?

- 치료 목적과 목표에 의해 나뉩니다. 1:1 개별치료는 심리적 지원이나 행동 교정, 치료 교육 등을 목적으로 할 경우에 해당되며, 집단의 경우는 주로 사회성이나 사회기술 향상을 목적으로 하는 경우가 많고 기능적 성취를 위한 집단(예를 들어, 합창단이나 연주단)을 구성하기도 합니다.

Q. 〈아동 · 청소년〉 집단을 구성하게 될 경우 무엇을 고려해야 할까요?

- 구성원의 연령과 기능 수준이 비슷하고 무엇보다 치료 목적이 일치되어야 하며 기능에 따라 집단 구성원의 숫자도 조절해야 합니다. 기능이 낮거나 나이가 어린 경우, 4명을 넘지 않는 것이 좋으나 그 외에는 목적에 따라 집단을 확장할 수도 있습니다.

Q. 〈아동 · 청소년〉 어떤 음악을 사용하여 치료하나요? 정해진 것이 있나요?

- 특별히 제한되는 장르는 없습니다. 민속음악, 경음악, 클래식 등을 비롯해 아동들이 잘 알고 좋아하는 동요(청소년의 경우, 가요나 팝)도 사용됩니다. 아동 · 청소년의 기능과 치료 목적을 위해 창작한 곡이나 즉흥적으로 만든 곡(노래 등)도 많이 사용됩니다.

Q. 〈아동 · 청소년〉 치료 시 어떤 도구를 사용하나요?

- 음악을 감상할 수 있는 오디오, 피아노와 기타 외에 아동 · 청소년들이 직접 연주할 수 있는 다양한 리듬 타악기 등을 사용합니다. 또한 필요하다면 악기 외의 다른 보조도구들을 함께 사용하기도 합니다. 색깔 스카프를 통해 촉감과 시각적인 자극을 제시해 줄 수도 있으며, 노래 가사나 색깔 악보, 숫자 악보 등을 사용해 과제에 대한 이해와 수행을 돕기도 합니다.

Q. 〈아동 · 청소년〉 부모 상담은 어떻게, 어떤 내용으로 하게 되나요?

- 아동 · 청소년은 부모의 보호와 영향 아래 있기 때문에 부모 상담이 매우 중요합니다. 먼저 첫 상담 시에는 보호자가 아동 · 청소년에 대한 치료를 의뢰하게 된 이유와 목적, 아동 · 청소년 및 아동 · 청소년과 관련된 가족들에 관한 히스토리,

아동 · 청소년이 가진 문제점과 부모의 요구사항 등을 알아
보기 위한 질문과 대답을 하게 됩니다. 중재가 시작되면 치
료사는 먼저 보호자에게 치료의 전반적인 목적을 설명하
고 각 회기(세션)마다 사용된 중재 방법과 의미, 타겟 목표
등에 대해 설명하기도 하고, 부모로부터 치료실 이외의 생
활에 대한 보고나 중재 과정에 대한 질문 등을 들으면서 아
동 · 청소년에 대한 중재 방법을 조율하고 공유합니다.

Q. 〈성인〉 치료 기간은 보통 얼마나 걸리나요?

- A1. 심리 치료의 경우 비용과 시간적인 문제 때문에 사람들
  은 대부분 '10회기면 되나요? 얼마 동안이면 되나요?'라고
  자주 묻습니다. 개인 차가 있기 때문에 일률적으로 말하기
  는 어렵습니다. 적어도 10회기 이상 치료를 받아야 자신을
  바로 볼 수 있는 기본적 탐색이 가능하며 길게는 10년 이상
  치료를 받는 클라이언트도 있습니다.

- A2. 일반인의 경우 치료 기간이나 예후는 사람에 따라 다
  릅니다. 어떤 사람은 최소한의 치료 세션, 즉 6~10회기 안
  에서 치료적 목표를 달성하고 종결하는 경우도 있지만, 대
  부분의 경우는 최소 3~4개월 이상 6개월 이내의 치료 기간
  이 요구됩니다. 치료 목적과 상황 등의 다양한 요인에 따라
  서는 6개월~2년 이상으로 치료 기간이 길어질 수도 있습
  니다.

Q. 〈성인〉 비용은 어느 정도 드나요?

－A1. GIM 비용은 펠로우(fellow, 특별 연구원) 세션의 경우 12만 원을 기준으로 합니다. 하지만 기관에 따라, 세션을 진행하는 선생님의 자격에 따라 조금씩 다를 수 있습니다. 1시간 30분 정도 진행되기에 일반적인 50분 세션이나 상담 과는 금액이 달리 적용됩니다. 또 개별이냐 집단이냐에 따라 조절이 됩니다.

－A2. 대부분의 일반 성인을 대상으로 하는 치료 기관의 경우, 1회기 상담이나 치료 회기에 6~20만 원 정도의 비용을 지불합니다. 물론 기관의 성격이나 치료사의 경력, 치료 시간 에 따라 매우 다를 수 있으니 사전에 충분히 알아보고 방문 하시는 것이 좋겠습니다.

Q. 〈성인〉 성인 음악치료를 할 때 주로 쓰시는 악기나 도구가 있 나요?

－A1. GIM에서는 프로그램화된 고정음악을 주로 쓰게 됩니 다. 따라서 음악을 플레이할 장치가 필요하고 세션 후 만다 라를 그릴 도화지와 크레파스, 파스텔 등이 필요합니다. 집 단 세션의 경우 세션 후 피아노나 드럼류, 다양한 악기를 이 용하여 즉흥연주를 하기도 합니다.

－A2. 성인이라고 해서 특별히 다른 악기를 쓰는 것은 아닙니

다. 물론, 치료사의 치료 철학과 주로 사용하는 방법에 따라 악기나 도구들이 다르게 사용됩니다. 감상적 경험이 많이 사용되기 때문에 좋은 음질의 스피커 시스템이 최우선시됩니다. 또한 내담자들과의 즉흥연주를 위해서는 실로폰, 핸드벨, 톤차임과 같은 멜로디와 화성이 가능한 악기들 그리고 젬베, 콩가, 봉고 등의 타악기들을 사용하기도 합니다.

Q. 〈성인〉 성인 음악치료 시 협동치료가 시행되기도 하나요? 시행된다면 어떻게 하는지 설명 부탁드립니다.

– A1. 집단으로 진행될 경우 도움이 필요하기도 합니다. 깊은 내면을 다루다 보면 집단에서 일어나는 반응이 다양하기 때문에 치료사 혼자서 전체 반응을 다 수용하기에 한계가 있는 경우가 있을 수 있습니다. 그럴 경우 협동치료가 이루어집니다.

– A2. 일반인과 함께할 경우 다른 전문 치료적 영역의 전문가와 협동치료를 형성하기도 합니다. 예를 들어, 명상치유, 요가치유, 미술치료, 연극치료와 같은 영역의 치료사들이 함께 작업을 진행하기도 합니다. 음악치료를 통해 얻은 정서적 즐거움과 통찰의 내용들을 미술치료 작업을 통해 시각화하거나 재현하는 등의 활동을 하기도 합니다. 요가치유 전문가와는 음악과 더불어 몸을 함께 사용하는 치료적 세션을 협력하여 진행하기도 합니다.

Q. 〈노인〉 1:1, 집단 등의 치료 구성은 무엇에 따라 결정되나요?
— 복지 · 의료 시설의 음악치료 프로그램은 대부분 집단으로
진행되며, 개인 음악치료는 의사의 권유나 개인의 선택에
의해 결정됩니다. 개인치료의 경우는 개인의 선호나 요구
에 더욱 충실하게 내용을 구성합니다. 다시 말해서 개인의
증상에 맞는 목적과 목표를 설정하고 계획한 음악치료가 이
루어집니다.

Q. 〈노인〉 음악치료 기간은 보통 얼마나 걸리나요?
— 실제로 노인 음악치료 기간은 일정하게 정해져 있지 않습니
다. 대부분 복지 · 의료 시설의 프로그램에 따라 운영되기
때문에 치료사가 결정할 수 있는 문제가 아닙니다. (경험으
로 보았을 때) 효과를 측정할 수 있는 시점은 치매진단검사
(mini-mental state examination: MMSE)가 최소 6개월의 간격
을 두고 평가된다는 데 착안하여 최소 6개월의 기간을 갖는
것이 좋다고 봅니다(1주 1회 실시 경우). 다만 보다 적극적인
개입으로 1주 2회의 회기를 가질 경우에는 훨씬 그 시간이
단축될 수 있다고 생각합니다. 개인의 경우도 같은 논리가
적용됩니다.

Q. 〈노인〉 비용은 어느 정도 하나요?
— 복지 · 의료 시설의 음악치료 프로그램은 50분 기준 1회기당
약 5만 원의 강사료가 지급됩니다. 음악치료사의 자격, 경력

등에 따라 가감되기도 합니다. 개인치료의 경우는 1회기당 5만 원 이상입니다.

Q. 〈노인〉 치매노인에게 어떤 음악을 사용하여 치료하나요? 정해진 것이 있나요?

– 일반적으로 노인에게 사용하는 모든 음악을 사용할 수 있습니다. 보통 흘러간 옛 노래를 많이 사용하기는 하지만 때로 간단한 새로운 노래나 대중가요를 배우는 것도 가능하고 따라하시기도 합니다. 음악의 장르도 대중가요에만 국한되지 않고 국악·양악, 클래식, 번안곡, 동요, 경음악 등이 모두 사용될 수 있습니다. 다시 말해서, 전적으로 대상자들의 상태(치매 정도, 건강, 학력, 사회경제적 수준 등)에 따라 달라진다고 보면 됩니다.

Q. 〈노인〉 노인들에게 어떤 악기를 주로 사용하나요?

– 대부분 타악기 위주의 악기를 사용하지만 현악기, 선율악기도 사용 가능합니다(기타, 실로폰 등). 흔히 우리나라 노인이 국악기를 선호한다고 생각하기 쉬운데, 서양악기들도 구비되어 있다면 경험해 보지 않은 것에 대한 호기심으로 큰 관심을 보이십니다. 노인 음악치료에서 소고를 가장 많이 사용하는 것은 노인과 친근하기도 하지만 악기의 가격이 비교적 저렴하다는 데 기인한 것 같습니다.

Q. 〈노인〉 악기 외의 다른 보조도구들도 사용하나요?

– 가사가 적힌 보드판, CD플레이어, 음악 관련 동영상을 보여
주기 위한 DVD, 색깔 스카프, 음악연극을 위한 대본, 그림
을 그릴 수 있는 도구, 음악게임을 위한 소품들, 노래와 관
련된 그림이나 사진, 노래를 상황극으로 꾸미는 데 필요한
소품들(예, 시장놀이)이 필요합니다. 이는 치료사의 활동 구
성에 따라 선택적입니다.

치료 방법

Q. 〈성인〉 클라이언트에게 음악치료는 어떤 방법으로 적용되
나요?

– A1. 성인을 위한 음악치료 접근은 음악치료에서 여러 가지
음악적 경험이 적용될 수 있겠으나 집단보다는 개별세션 위
주로 GIM심상음악치료를 주로 시행하고 있습니다. 개인의
깊은 무의식과 잘 만나도록 하는 데 음악이 중요한 역할을
하게 됩니다. 앞부분에 짧은 주제를 정하는 시간을 가진 후
녹음된 음악을 30~40분 정도 들으며 치료사와 함께 언어
적으로 간단히 주고받는 과정을 거칩니다. 음악이 끝나면
간단히 그날 세션에 대한 느낌이나 성찰한 부분에 대해 이
야기를 나누고 만다라를 그리기도 합니다.

– A2. 음악치료의 방법은 다양하게 적용될 수 있지만 아직

은 심리지원실에 정착된 지 얼마 되지 않았기 때문에 쉽고 간단한 음악적 중재들이 활용됩니다. 심리적 어려움의 해결, 영적 성장, 창의력 증진 등을 위한 심상음악치료와 음악 감상 및 대화, 음악자서전 등의 개별세션을 진행할 수도 있으나, 사실 더 많은 세션은 스트레스 상황에 놓인 일반 직장 성인들을 위해 음악 감상을 통한 이완기법 등이 많이 사용됩니다. 그 외에도 직장인들의 여가생활 및 부서별 협동과 단합을 위한 밴드 합주, 핸드벨 연주, 드럼서클과 같은 다양한 음악치료의 방법들이 적용될 수 있을 것입니다.

Q. 〈성인〉 사용하시는 접근법이 이 대상에게 효과적인 부분이 있다면 어떤 부분에서인가요?

- A1. 사람들이 겪는 어려움은 여러 가지가 있겠습니다만 주로 관계에서의 어려움을 겪는 경우가 많습니다. 이를 위한 GIM치료 과정에서는 그런 불편함이 어디에서부터 비롯되었는지 왜 그렇게 되었는지 자기 자신 안으로 깊게 들어가 만나게 되면서 조금씩 실마리를 찾아가게 됩니다. 그런 점에서 불안이나 우울, 공포, 열등감, 불면 등의 어려움에 처하게 된 원인이 무엇인지, 스스로 그 부분을 현재 내가 어떻게 받아들이고 이해해야 하는지 등을 탐색하고 수용하게 되면서 그러한 부분의 변화를 가져오게 됩니다.

- A2. 직장인들에게 필요한 가장 큰 이슈 중의 하나는 스트레

스와 스트레스로 인한 신체적 · 심리적 증상들입니다. 현대 심신의학에서는 스트레스 증상을 신체적 긴장과 이완의 맥락에서 접근하는데, 많은 스트레스성 질환이나 증상들은 신체적 · 심리적 긴장의 연속이기 때문입니다. 여기에 음악은 신체의 생리적인 측면으로는 청각자극이 림빅시스템에 직접적으로 영향을 미치면서 심리적 · 신체적 반응을 강력하게 이끌어 낼 수 있습니다. 이러한 점에서 음악과 같은 청각적 자극은 이완의 도구로 매우 효과적입니다. 즉, 음악감상 및 이완법들을 통한 스트레스 대처방법이 현대인의 스트레스에 매우 효과적인 접근법 중 하나로 활용될 수 있는 것입니다.

Q. 〈성인〉 치료 시간 중의 돌발 상황에 대해 대처하시는 나름의 방식이 있으신가요?

- A1. 돌발 상황은 어떤 대상이냐에 따라 치료방식이 무엇이냐에 따라 다양할 수 있겠습니다. GIM치료에서의 돌발 상황은 갑자기 음악을 들려주는 기기에 결함이 생기거나 물리적 환경의 제한으로 주변의 예상치 못한 소음이 클라이언트의 집중을 흩트리고 무의식을 흐름을 깰 때 나타날 수 있습니다. 이 경우, 기기의 결함은 우선 대체물을 미리 준비해 놓고 대처하거나 또는 음악 CD의 문제가 있을 경우 역시 대안으로 다른 포맷의 파일을 준비해 사용하기도 합니다. 또 외부소음은 컨트롤할 수가 없는 경우 클라이언트에게 좀 더

지금의 흐름과 음악에 집중하도록 유도를 합니다.

– A2. 치료 시간 중에 정말 많은 돌발 상황들이 발생하지요. 있는 그대로 받아들이고 수용하고 인정하는 것이 중요한 것 같습니다. 준비가 미흡했다면, 그것 또한 그대로 받아들이고 인정하고 사과하기도 합니다. 클라이언트에게 있어서 커다란 이슈 혹은 돌발 상황이 발생했다면 그 또한 그대로 받아들이고 인정하면 됩니다. 돌발 상황에서 자신의 호흡에 집중하기를 통해 돌발 상황의 맥락에서 벗어나 지금 이 순간으로 돌아올 수 있도록 하는 방법을 주로 사용합니다. 하지만 돌발 상황이 발생할 때는 늘 당혹스럽습니다. 상황에 크게 동요되기보다는 받아들일 수 있는 치료사가 되기 위해 늘 스스로의 마음을 바라보고 수련해야 합니다. 치료사 각자의 종교적 접근법들, 기도, 명상 등의 방법도 효과적일 수 있다고 생각합니다.

Q. ⟨노인⟩ 노인에게 음악치료는 어떤 방법으로 적용되나요?

– 일반적으로 음악치료에 사용되는 모든 방법, 즉 노래 부르기, 악기 연주, 노래 만들기, 동작 등 모든 방법이 적용될 수 있습니다. 현재 노인복지관이나 노인대학 등에서 음악치료가 진행되고 있으며, 일반 노인에게 적용되는 음악치료는 대부분 오락적 목적과 사회성 향상을 목적으로 합니다. 음악치료 방법의 모든 영역을 적용할 수 있으나 대부분 노

래 부르기, 음악게임의 형태로 많이 이루어집니다. 컬러벨
연주와 같은 악기 연주나 각종 발표를 위한 난타, 사물놀이
등도 큰 의미에서는 음악치료의 한 방법입니다.

Q. 〈노인〉 음악치료 시 치매노인의 돌발적인 문제행동이 발생되면 어떻게 하나요?

– 치매노인 음악치료는 대부분 복지 · 의료시설 내에서 이루
어지며 집단으로 진행됩니다. 따라서 보조 인원이 동석하
게 되는 경우가 많습니다. 문제행동 발생 시 집단 진행에 방
해가 되는 경우라면 조용히 모시고 나가는 경우가 많습니
다. 이외에 배회로 인해 집단에 들어왔다 나갔다 하시는 경
우도 있습니다. 이런 경우는 문 쪽에 그분의 의자를 배치하
여 참여는 하되 집단에 방해를 주지 않도록 보조 인원의 도
움을 미리 요청해 놓습니다.

Q. 〈노인〉 음악적 진단평가(측정도구)가 있나요?

– 미국에서 개발된 RMST(residual music skill test) 척도는 앤 리
프(Anne Lipe)에 의해 개발되었습니다. RMST의 경우 인지기
능 척도로 많이 사용되는 MMSE-K와의 상관관계 r=.78로 높
은 편입니다. 또한 MBECF-K(music-based evaluation of
cognitive functioning) 척도는 엘리자베스 요크(Elizabeth
York)에 의해 개발되었습니다. MBECF의 경우에도 MMSE-
K와의 상관관계 r=.93으로 많이 사용됩니다. 하지만 아직

까지 국내에서 개발된 것은 없습니다. 따라서 많은 연구자
가 이 부분에 대한 필요성을 가지고 연구하고 있습니다.

진로

Q. 〈아동 · 청소년〉 학부에서 무엇을 전공해 두어야 아동 · 청소
년 관련 음악치료를 잘 할 수 있나요?

– 아동 · 청소년학이나 아동 · 청소년 발달, 아동 · 청소년 심
리, 특수아동 · 청소년 심리 등 아동 · 청소년 교육이나 아
동 · 청소년 복지 관련 전공, 또는 음악 관련 전공 등을 하면
도움이 될 수 있습니다. 그러나 학부에서 관련 전공을 하지
않았더라도 기본적인 음악적 소양과 아동 · 청소년이나 장
애에 대한 관심을 가지고 있다면 석사과정 중에 관련 과목
을 공부하게 될 것이므로 크게 걱정하지 않아도 됩니다.

Q. 〈아동 · 청소년〉 졸업 후에 주로 어디서 일하게 되나요?

– 아동전문병원이나 중소 규모의 소아 · 청소년 정신과 병원,
각 지역 복지관, 초 · 중 · 고등학교의 특수반(도움반) 등의
방과 후 활동 강사로 일하거나 개인 센터를 운영하기도 합
니다. 현재 어린이 병원, 명지병원, 시립은평병원, 일산백병
원뿐만 아니라 각 학교의 음악치료센터에서도 아동 · 청소
년 전문 음악치료사가 일을 하고 있습니다.

Q. 〈아동 · 청소년〉 음악치료사로서 사는 데 경제적으로 부족함은 없나요?

ㅡ 기관마다, 또 풀타임이냐 파트타임이냐에 따라 편차가 있어 확실하게 부족하다 아니다 말하기는 어렵습니다. 현재 풀타임보다는 파트타임으로 일하고 있는 치료사들이 더 많은 듯하고 지역이나 기관에 따라 치료비나 치료사에 대한 보수에 차이가 있습니다.

Q. 〈성인〉 GIM이나 심리적인 영역의 음악치료사가 되기 위한 준비나 공부는 어떤 것이 있나요?

ㅡ A1. 심리적 문제를 보이는 클라이언트를 만났을 때 학부에서 심리학을 공부하면 아무래도 좀 더 인간을 잘 이해할 수 있겠지요. 하지만 언제나 임상 현장에서 느끼는 것이지만 글로 배운 것과 인간을 경험하면서 배우는 것은 참으로 다릅니다. 어떤 경험이든지 그것이 죽어 있는 글자가 아니라 살아 있는 학문이 되려면 배운 것에 대한 심도 있는 '자기소화'가 중요할 것입니다. 개인적으로는 인간 이해에 대한 다방면의 책을 많이 읽는다거나 문화방면으로의 다양한 관심 역시 모두 도움이 됩니다. 한 개인의 인격이 형성되는 과정엔 많은 것들이 관여되기 때문입니다. 특히 GIM이나 성악심리치료의 경우 상담기술이 있으면 더 좋겠고, 세션 후 그리게 되는 만다라에 대한 이해(판단하고 해석하는 것이라기보다는)가 되면 도움이 될 것입니다.

─A2. 성인 음악치료를 더 잘하기 위한 학부 전공이 따로 있
다고 생각하지는 않습니다만 성인들의 심리적·신체적 상
황을 잘 이해하고 적절한 도움을 줄 수 있는 역량을 갖추기
위해서 개인적으로 심리학, 사회복지학, 간호학 등의 학부
전공이 도움이 되지 않을까 생각합니다. 하지만 더 중요한
것은 최대한 많은 사람을 만나고 이해하고 함께하는 경험을
많이 해 보라고 이야기하고 싶습니다. 또한 성인을 주 대상
으로 하는 치료사들에게는 언어를 사용한 상담기술이 강하
게 요구됩니다. 많은 경우, 언어를 통한 소통 및 언어를 사
용해서 깊이 있는 통찰의 경험을 나누고 소통하면서 확인
하게 되는데, 여기에는 상담기법과 같은 언어적 기술이 필
수적으로 사용됩니다. 심리치료 전문가로서 갖추어야 하는
다양한 심리적 장애나 어려움, 치료법 등에 대한 지식과 배
경이 갖추어져야 하며, 상황에 따라서는 다양한 전문적인
심리검사를 시행하고 해석할 줄 아는 능력이 요구됩니다.
그 외에 음악 감상을 위해서는 음악 파일들을 적절하게 편
집하고 필요에 맞게 음원을 만들어서 사용할 수 있는 간단
한 동영상 및 음원 편집·제작 기술이 있으면 더 좋을 것 같
습니다. 치료사가 치료적 상황에서 필요로 하는 음악을 편
집하고 제작할 수 있는 능력을 갖춘다면, 더 효과적으로 음
악을 활용할 수 있을 것으로 보입니다. 추가적으로 동영상
편집 및 간단한 그래픽 디자인 능력과 같은 미디어 기술은
청각과 시각 자극을 통해 더 효율적인 치료 작업이 이루어

질 수 있는 데에 도움을 줄 것으로 기대됩니다.

Q. 〈성인〉 성인을 위한 음악치료사가 되고자 할 때 음악적으로 필요한 준비는 무엇이 있나요?

– A1. 기본적으로 피아노나 기타 같은 악기 연주 기술이 필요합니다. 하지만 심리를 다루는 치료사의 경우 우선은 음악에 대한 열린 시각이 필요하다고 봅니다. 보통은 자신이 선호하는 음악을 취미로 듣게 되지만 치료사가 되려 한다면 다양한 음악을 접하고 그것에 대한 느낌을 메모하며 음악에 대한 열린 자세가 된다면 더욱 도움이 됩니다. 성인이라는 영역이 매우 다양하기에 치료사가 모든 음악을 섭렵할 수는 없지만 클라이언트 개인을 이해하고 돕는 데 도움이 될 수 있습니다. 특히 GIM심상치료를 한다면 고전 음악에 대한 이해가 많이 되어 있으면 더욱 도움이 되겠지요.

– A2. 첫째, 음악치료사는 우선적으로 임상에서 사용하는 음악에 대한 기술에 있어서 충분한 바탕이 있어야 합니다. 특히 성인 대상은 아동과 달리 재즈, CCM, 클래식, 국악, K-POP 등 매우 다양하고 폭넓은 음악 장르에 대한 선호를 가지고 있으며, 어떤 음악치료에서라도 마찬가지겠지만, 함께 노래를 부르거나 연주를 할 때에는 그 음악이 듣기 좋고 아름다워야 합니다. 그러기 위한 음악기술은 필수라고 할 수 있습니다.

Q. 〈성인〉 성인 클라이언트와의 시간에서 느끼는 보람들은 어떤 것들이 있나요?

– A1. 가장 먼저 떠오르는 것은 클라이언트 스스로에게서 보고되는 내용인데 마음이 많이 편안해졌다거나 여유로워졌다는 점을 들 수 있겠습니다. 무엇보다 이렇게 말하는 이들의 표정에서 화사한 미소와 안정감을 느낄 수 있었습니다. 사람들의 모습은 사실 내면을 속이기 어려운 경우가 많지요. 어둡거나, 우울하거나, 무겁거나, 무표정하거나, 화에 눌려 있거나, 짜증으로 가득하거나, 무미건조하거나 어떤 경우에도 이러한 감정들에 오래 젖어 있다 보면 진짜 편안하고 행복한 것이 무엇인지 생각조차 하지 못하고 살 때가 많습니다. 내면의 행복이야말로 보이는 것을 초월하는 근본적인 힘이 됩니다. 한 회기의 치료세션으로 인생 전체가 바뀔 수는 없지만 그렇게 한 발씩 나아가면서 자기 자신이 진짜 원하는 것, 진짜 행복할 수 있는 길을 찾아가는 것이 보일 때 보람이 느껴집니다. 우리는 누구나 행복하기 위해 또 제대로 존재하기 위해 태어났다고 생각합니다.

– A2. 음악치료를 통해 누군가를 도울 수 있다는 것 자체가 바로 보람이고 기쁨입니다. 이완을 목적으로 하는 집단치료적인 프로그램 세션에서는 프로그램을 통해 충분한 편안함을 느끼고, 활력을 얻어 생활로 되돌아가는 클라이언트들을 보면서 보람을 느끼게 됩니다. 1:1 개별 세션에서는 성

인 클라이언트의 특성상, 행동 변화나 증상 완화보다는 개개인의 심리적인 깊은 주제들과 관련되는 경우가 많습니다. 음악치료를 통해 이들이 깊은 통찰에 이르고 자신의 삶을 더 건강하게 살아가는 것을 보는 순간이 치료사로서 가장 행복한 순간이며 보람입니다.

Q. 〈성인〉 성인 클라이언트에 관심을 갖고 있는 예비 음악치료사들에게 조언 부탁드립니다.

- A1. 우선 가장 먼저 자기 자신에게 관심을 가지고, 성찰하고, 돌아보고, 깊게 생각할 수 있는 시간을 가지는 습관을 갖는다면 더없이 좋겠습니다. 자기 자신을 알지 못하면서 타인을 이해한다는 것은 자칫 겉모양에 치우칠 수 있거나 기술만 있고 가슴은 없는 치료사가 될 수 있기 때문입니다. 성인 대상이 아니어도 이 부분은 아마도 모든 치료사에게 필요한 부분이 아닌가 합니다. 치료사는 누군가를 돕는 사람이기에 돕는 사람의 내면이 건강하지 못하다면 아픈 이를 돕기가 어려울 수 있겠지요. 치료사 역시 처음부터 완벽하거나 잘 준비된 사람은 없습니다. 그렇게 한 발씩 자신을 알아가고 임상현장에서 부딪혀 가며 성장할 수 있을 것입니다.

- A2. 성인 클라이언트를 대상으로 하는 음악치료는 매력적입니다. 처음 음악치료사라는 직업에 관심을 가지게 만들었던 바로 그 음악의 힘을 충분히 느끼고 이를 통해 보다 더

건강한 삶을 영위할 수 있도록 도울 수 있습니다. 또한 현대 사회는 '힐링사회'라고 할 만큼, 힐링과 치유에 대한 관심과 수요가 매우 많습니다. 우리 주변의 많은 성인이 어려움 속에서 힐링을 추구하고 있으며, 이들을 도울 수 있는 음악의 힘을 믿습니다. 아직 일반 성인을 위한 음악치료의 장이 충분히 만들어지지는 않았기에 앞으로 좋은 치료사들이 이 장을 가득 채워 주기를 기대하고 희망합니다.

Q. 〈노인〉 노인을 위한 음악치료사가 되기 위해 필요한 자격이나 조건이 있나요?

– 아직까지 우리나라에서 공식적으로 노인 음악치료만을 위해 필요한 자격이나 조건은 따로 없습니다. 그러나 미국의 경우 NAMT(national association for music therapy) 부분에서 노인을 많이 다루고 있는 것으로 보아 우리나라에서도 이 분야가 강조되어야 할 것입니다.

기타

Q. 〈노인〉 음악치료를 하면 병이 완전히 낫는 건가요?

– 완전히 병이 낫는다고 말할 수는 없을 것 같습니다. 예를 들어, 치매는 퇴행성 질환이며 진행형입니다. 음악치료는 이 증상이 심해지지 않게 유지 또는 완화시키는 데 도움을 주는 것입니다. 간혹 음악활동을 통해 행동 · 심리적 증상이

줄어드는 경우를 볼 수 있습니다.

Q. 〈노인〉 가족들의 반응은 어떠한가요?

- 간혹 가족들이 동참하는 경우가 있는데 가족이 함께하는 것을 적극적으로 권유합니다. 치매를 앓고 있지만 무언가 할 수 있고, 하고 있다는 것을 직접 함께 경험하는 것이 대상자와 가족 모두에게 도움이 됩니다. 거동이 불편한 경우 가족의 조력은 활동 참여에 큰 도움이 되어 삶의 질을 향상시킵니다.

Q. 〈노인〉 기관 및 치매센터에서 일하는 직원이나 요양 보호사들의 반응은 어떠한가요?

- 긍정적이며 우호적인 반응을 가지고 있으며, 음악치료사를 전문가로 인정하여 돕는 역할을 합니다. 다양한 치매 관련 복지 · 의료 시설에서 정식 학위와 자격증을 갖춘 치료사 또는 강사는 극히 적습니다. 이는 치료사 개인의 역량에 따라 달라질 수 있으나, 전문적인 음악치료사는 타 영역의 강사와 비교해 볼 때 그 전문성이 유일하다고 해도 과언이 아닙니다.

Q. 〈노인〉 노인들과 함께 음악치료를 할 때 추천하고 싶은 음악이나 영화가 있으신가요?

- 음악 사용에 있어서 제한되는 것은 없으며, 다양한 장르를

사용합니다. 예를 들어 대중가요는 '고향무정' '나는 열일곱살이에요' '감수광' '신라의 달밤'을 민요는 '군밤타령' '아리랑' 등을, 동요는 '오빠생각' '반달' '고드름'을 번안곡으로는 '메기의 추억', 가곡에서는 '보리밭' '희망의 나라로' '고향생각' 등을 클래식에서는 베토벤 교향곡 9번 〈환희의 송가(Ode to joy)〉 〈쓰리 테너(The three tenor) 성악곡〉 등을, 세미 클래식에서는 〈봄의 세레나데(Serenade to spring)〉 등이 있다. 노인에 대한 이해를 돕고 음악의 힘을 경험하게 되는 것으로 영화 〈송포유(Song for You)〉 〈로큰롤 인생(Young @ Heart)〉를 추천합니다.

음악치료전공 개설 학교(소재지별)

학교	소재지	학/석/박사	특징
가천대학교	경기 성남	석사	특수치료대학원 내의 타 과목(심리, 언어, 미술, 무용 등)을 수강할 수 있다.
계명대학교	대구	석사	다양한 예술치료 기법을 함께 배울 수 있다.
고신대학교	부산	석사	기독교인만 입학이 가능하며, 요리를 이용한 '뮤직쿡' 과정이 개설되어 있다.
대구예술대학교	대구	학사	미술, 음악, 문학, 심리 등 예술치료를 통합한 예술치료사 양성을 목표로 한다.
대구한의대학교	대구	석사	중등 특수교육학과의 학부과정과 연계된 음악치료 내용이 포함되어 있으며, 학교 내 한방병원과 연계되어 있다.
대전대학교	대전	석사	예술치료학과에 소속되어 미술·무용 치료와 유기적인 학습체제를 중요시한다.
동의대학교	부산	석사	4학기제다.
명지대학교	서울	석사	기독교 이념을 통한 음악치료사의 양성을 목표로 한다.
부산예술대학교	부산	전문학사	전문학사학위를 취득한다.
성신여자대학교	서울	석사	주간이며 선수과목으로 음악치료 관련 분야 과목을 함께 수강할 수 있다.
수원대학교	경기 수원	석사	피아노 교수학과에 속해 있으며 야간수업으로 진행된다.
숙명여자대학교	서울	석사 박사	국내 최초 석·박사 과정이 개설되었으며, 석사과정은 특수대학원(원격대학원 포함) 소속이고 박사과정은 일반대학원 소속이다.

(계속)

학교	소재지	학/석/박사	특징
순천향대학교	충남 아산	석사	서울에도 센터가 있어 강의를 들을 수 있으며, 음악치료전공 임상실습 및 인턴과정을 순천향병원에서 실시한다.
예원예술대학교	전북 임실	석사	한국음악치료임상응용학회와 연계되어 있어 음악치료의 다양한 교육, 임상, 연구의 기회를 가질 수 있고, 학회에서 규정하는 인턴십 1,040시간을 채워야 한다.
원광대학교	전북 익산	석사	예술치료학과 안에 미술치료학, 무용연극치료학과로 있다.
웨스트민스터신학대학원대학교	경기 용인	석사 박사	다양한 예술치료 기법을 함께 배울 수 있다.
이화여자대학교	서울	석사 박사	일반대학원에 석·박사 통합과정이 개설되어 있으며, 전공이 세분화되어 있다.
전주대학교	전북 전주	학사 석사	학·석사 연계과정은 5학기, 7학기에 개설되는 석사과목을 이수를 하게 되면서, 이후의 석사과정은 1년 안에 마치게 된다. 즉, 학·석사 연계과정의 경우 5년 안에 학사, 석사학위를 취득할 수 있다.
중앙대학교	경기 안성	석사	방학 중에 운영되며 국악 중심 음악치료 수업을 진행한다.
침례신학대학교	대전	학사	기독교적 세계관 속에서 음악치료를 배운다.
한세대학교	경기 군포	석사 박사	일반대학원에는 석·박사 과정이 있으며 특수대학원의 치료상담대학원에는 석사과정이 있다. 치료상담대학원에서는 상담 관련 과목을 들을 수 있다.

참고
문헌

김수지(2012). 아동의 정서행동문제를 위한 음악의 치료적 사용. 한국예술연구, 6(1), 99-116.

김지현(2006). Book Review 음악치료접근법. 한국음악치료학회지, 8(2), 62-65.

문지영, 이수진(2009). 자기성장을 위한 음악치료 활동이 발달장애아동 양육자의 자아존중감 및 우울에 미치는 영향. 특수교육연구, 16(1), 25-42.

박윤진(2001a). 건강문화의 의미와 가치에 대한 고찰. 한국사회체육학회지, 46(1), 47-58.

여정윤(2012). 청소년 내담자의 음악치료 경험 인식과 그에 대한 치료사의 인식 차원 비교 연구. 미간행 박사학위 논문. 숙명여자대학교 대학원.

우안나(2006). 의사소통을 강조한 치료적 음악활동이 부부 의사소통과 결혼 만족도 향상에 미치는 영향. 숙명여자대학교 특수대학원 석사학위논문.

윤희수(2006). 교과서에 나오는 클래식 음악 100. 경기: 추수밭.

이부영(2007). 분석심리학. 서울: 일조각.

이영미(2005). 게임 중독 청소년의 충동성과 불안감소를 위한 노래 만들기

(songwriting)기법. 미간행 석사학위 논문. 이화여자대학교 교육대학원.

이유찬(2005). 음악감상 프로그램을 통한 청소년기의 주의력 결핍 개선에 관한 연구. 미간행 석사학위 논문. 전남대학교 대학원.

장문정, 박지선, 황은영(2012). 주력임상대상에 따른 음악치료 목적과 중재 방법 비교 연구. 한국음악치료학회지, 14(3), 55-71.

정현주, 김영신, 최미환, 조혜진, 노주희, 김동민, 김진아, 문소영, 곽은미, 배민정, 이승희, 김승아, 김신희, 이수연, Summer L., Scheiby B., Austine D. (2006). 음악치료 기법과 모델. 서울: 학지사.

정현주(2002). 청소년 우울증 및 정서장애를 위한 음악치료의 효과성 입증 및 프로그램 개발. 대학음악치료학회, 3(2), 38-53.

정현주(2005). 음악치료학의 이해와 적용. 서울: 이화여자대학교 출판부.

정현주, 김동민(2010). 음악심리치료. 서울: 학지사.

조명희(2004). 노년기 웰빙증진을 위한 여가활동. 노년기 웰빙 증진방안. 청주: 충청북도 사회복지사협회.

최병철(2006). 음악치료학(2판). 서울: 학지사.

최병철(2013). 음악치료학개론. 숙명여자대학교 음악치료 특강 자료집. 서울: 숙명여자대학교 음악치료대학원.

최병철, 박소연, 황은영(2009). 아동음악치료. 서울: 학지사.

통계청(2013). 고령자 통계.

홍화진, 정대영(2012). 장애아동 형제자매의 심리적 안녕감 증진을 위한 음악치료 프로그램 개발. 정서 · 행동장애 연구, 28(4), 29-62.

Austin, D. (2012). 성악심리치료의 이론과 실제(한국성악심리치료사협회 역). 서울: 시그마프레스.

Baker, F., & Wigram, T. (2008). 치료적 노래 만들기(최미환 역). 서울: 학지사.

Bonney, H. L., & Salvary, L. M. (2006). 음악과 마음(최미환 역). 서울: 시그마프레스.

Boxil, E. H. (1998). 발달장애인을 위한 음악치료(김태련, 염현경, 정현지, 김현령 편역). 서울: 이화여자대학교출판부.

Bruscia, K. E. (1998). *Defining music therapy*. New Braunfels, TX: Barcelona Publishers.

Bruscia, K. E. (2006). 음악 심리치료의 역동성(최병철, 김영신 공역). 서울: 학지사.

Chanda, M. L., & Levitin, D. J. (2013). The neurochemistry of music. *Trends in Cognitive Science, 17*(4), 179-193.

Choi, B. C. (1997). Professional and patient attitudes about the relevance of music therapy as a treatment modelity in NAMT approved psychiatric hospitals. *Journal of Music Therapy, 34*(4), 277-292.

Clair, A. A., & Memmott, J. (2009). 노인 음악치료(노인 음악치료연구회 역). 서울: 시그마프레스.

Clair, A. A. (1996). *Therapeutic uses of music with older adults*. Baltimore: Health Professions Press.

Colwell, C. (1997). Music as a distraction and relaxation to reduce chronic pain and narcotic ingestion: A case study. *Music Therapy Perspectives, 15*(1), 24-31.

Copland, A. (1975). *Music and imagination*. Cambridge, MA: Harvard

University Press.

Darrow, A. (2006). 음악치료접근법(김영신 역). 서울: 학지사.

Eschen, J. T. (2002). *Analytical music therapy*. Kings Cross, London: Jessica Kingsley Publishers.

Godley, C. A. (1987). The use of music therapy in pain clinics. *Music Therapy Perspectives, 4*, 23-28.

Hadley, S. (2008). 정신역동 음악치료: 사례연구(김성희, 김연정, 김향숙, 박소연, 양은아, 오선화, 이경숙, 이난복, 이드보라, 이숙, 이정실 공역). 서울: 학지사.

Iwanaga, M., & Moroki, Y. (1999). Subjective and physiological responses to music stimuli controlled over activity and preference. *Journal of Music Therapy, 36,* 26-38.

McFerran, K. (2010). 청소년 음악치료 임상 및 교육을 위한 방법(최미환, 홍인심, 장은아 공역). 서울: 한국음악치료임상응용학회출판부.

Kendall, P. C. (2010). 인지행동적 접근 아동 · 청소년 심리치료(신현균, 김정호, 최영미 공역). 서울: 학지사.

Lathom-Radocy, W. B. (2009). 아동음악치료(최병철, 박소연, 황은영 공역). 서울: 학지사.

Lucia, C. M. (1987). Toward developing a model of music therapy intervention in the rehabilitation of head and trauma patients. *Music Therapy Perspectives, 4*, 34-39.

McClosky, L. J. (1985). Music and the frail elderly. *Activities, Adaptation, and Aging, 7*, 73-75.

Priestley, M. (1994). *Essays on analytical music therapy*. New Braunfels,

TX: Barcelona Publishers.

Staum, M. L. (1983). Music and rhythmic stimuli in the rehabilitation of gait disorders. *Journal of Music Therapy, 20*, 69-87.

Thaut, M. (1985). The use of auditory rhythm and rhythmic speech to aide temporal muscular control in children with gross motor dysfunction. *Journal of Music Therapy, 22*, 108-128.

Thaut, M. H., & Davis, W. B. (1993). The influence of subject-selected versus experimenter-chosen music on affect, anxiety, and relaxation. *Journal of Music Therapy, 30*, 210-223.

Walworth, D. D. (2003). The effect of preferred music genre selection versus preferred song selection on experimentally induced anxiety levels. *Journal of Music Therapy, 40*, 2-14.

Weeler, B. (1983). A psychotherapeutic classification of music therapy practices: A continuum of procedures. *Music Therapy Perspectives, 1*(2), 8-12.

명지대학교 http://www.mju.ac.kr
사) 전국음악치료사협회 www.nakmt.or.kr
사) 한국국공립대학평생교육원협의회 www.kula.or.kr
사) 한국대학평생교육원협의회 www.kauce.or.kr
사) 한국음악치료학회 www.musictherapy.or.kr

찾아보기

♬ 내용

저자 소개

고명한(Ko Myunghan)
숙명여자대학교 음악치료대학원 음악치료학과 석사
전 숙명여자대학교 음악치료대학원 음악치료학과 임상실습강사
현 고려대학교 교양교육원 음악치료 강사

고은진(Ko Eunjin)
숙명여자대학교 음악치료대학원 음악치료학과 석사
전 고은 여성병원 음악치료사
현 고은 뮤직앤마인드 음악치료소장

김명신(Kim Myeongshin)
숙명여자대학교 음악치료대학원 음악치료학과 석사
현 서울특별시 어린이병원 전임 음악치료사
   숙명여자대학교 음악치료대학원 음악치료학과 인턴강사

박소영(Park Soyong)
숙명여자대학교 음악치료대학원 음악치료학과 석사
현 숙명여자대학교 음악치료대학원 음악치료학과 강사

박지선(Park Jisun)
숙명여자대학교 음악치료대학원 음악치료학과 석사
전 숙명여자대학교 음악치료대학원 음악치료학과 임상실습강사
현 연세신경정신과 연세아동치료연구소 음악치료사

박지은(Park Jieun)
숙명여자대학교 음악치료대학원 음악치료학과 석사 및 박사
전 숙명여자대학교 음악치료대학원 음악치료학과 강사
현 숙명여자대학교 음악치료센터 책임연구원

위아름(Wee Arum)
숙명여자대학교 음악치료대학원 음악치료학과 석사
전 서울특별시 어린이병원 음악치료사
현 숙명음악치료센터 연구원

이은선(Lee Eunsun)
숙명여자대학교 음악치료대학원 음악치료학과 석사
전 연세신경정신과 소아청소년정신과 음악치료사
현 명지병원 예술치유센터 음악치료사
　 숙명여자대학교 음악치료대학원 음악치료학과 인턴강사

장문정(Jang Moonjung)
숙명여자대학교 음악치료대학원 음악치료학과 석사 및 박사
전 숙명여자대학교 음악치료대학원 강사
　 숙명음악치료센터 연구원
현 명지병원 정신과 외래 음악치료사
　 경기대학교 평생교육원 음악치료과정 외래교수

황은영(Hwang Eunyoung)
숙명여자대학교 음악치료대학원 음악치료학과 석사 및 박사
현 숙명여자대학교 음악치료대학원 음악치료학과 초빙교수

올 댓 음악치료사

All That Music Therapist

음악치료사의 모든 것

2014년 11월 10일 1판 1쇄 발행
2021년 2월 25일 1판 4쇄 발행

지은이 • 고명한 · 고은진 · 김명신 · 박소영 · 박지선
　　　　박지은 · 위아름 · 이은선 · 장문정 · 황은영

펴낸이 • 김 진 환

펴낸곳 • ㈜ 학지사

　　　　04031 서울특별시 마포구 양화로 15길 20 마인드월드빌딩 5층

대표전화 • 02) 330-5114　　팩스 • 02) 324-2345

등록번호 • 제313-2006-000265호

홈페이지 • http://www.hakjisa.co.kr

페이스북 • https://www.facebook.com/hakjisabook

ISBN 978-89-997-0553-3 93180

정가 14,000원

이 도서의 국립중앙도서관 출판시도서목록(CIP)은 서지정보유통지원시스템
홈페이지(http://seoji.nl.go.kr)와 국가자료공동목록시스템(http://www.nl.go.kr/kolisnet)
에서 이용하실 수 있습니다.
(CIP제어번호: CIP2014028743)

출판 · 교육 · 미디어기업 **학지사**

간호보건의학출판 **학지사메디컬** www.hakjisamd.co.kr
심리검사연구소 **인싸이트** www.inpsyt.co.kr
학술논문서비스 **뉴논문** www.newnonmun.com
원격교육연수원 **카운피아** www.counpia.com